あなたの夢をかなえよう！

創業者
のための
スタートアップ
マニュアル

安田 勝也［著］
Yasuda Katsuya

同友館

はしがき

　はじめまして。安田コンサルティング代表の安田勝也です。大阪府貝塚市で小さなコンサルティング事務所を開き、10年以上創業支援に関わっています。商工会議所や商工会が主催する創業塾や創業セミナーで講師を務めているうち、より多くの方に創業とは何かを伝えたくなって、この本を書くことにしました。

　私が創業塾を始めるとき、いつも決まってやる儀式のようなものがあります。それは、以下のようなやりとりです。

　安　　田：皆さん、おはようございます！
　受講者：おはようございます。
　安　　田：もうちょっと声が出るでしょう、もう１回いきましょうね。私も、さっきより大きめの声を出しますので、１人対〇人（創業塾の参加者数）ですから負けないでください。はい、皆さん、あらためまして、おはようございます！！
　受講者：おはようございます！！

　このように、私が元気な挨拶にこだわっている理由ですが、実はすごく大事なことなのです。創業塾に参加された皆さんやこの本を手にとられた皆さんは、いろいろな業種での創業を考えていらっしゃると思います。例えば「飲食店をやりたい」、「食材関係の卸しをやりたい」、「社労士事務所をやりたい」などなど。けれども、実際に創業した瞬間、皆さんはその業界の１番ビリッカスになるのです。経験もない、信用もない、お金もない…。こういう中で何か勝てる要素があるとするなら、「元気」しかないのです。

　創業者とは、人間の人生で言えば、産まれたての赤ちゃんです。赤ちゃんは産まれた瞬間、元気な産声をあげます。創業者も、ベテラン企業にはほとんどの面で負けるかもしれませんが、唯一負けないところは「元

気」でしょう。そこは、絶対に譲ってはいけないところなのです。まずは、「元気で負けるな」というメッセージをお伝えしたくて、このような儀式を行っています。

　もう1つ、最初にお伝えしたいメッセージがあります。それは、「感度を上げろ」ということです。感度というのは、感じる度合いです。感度を上げれば、反応することができます。

　例えば、創業塾の最初では、多くの場合、商工会議所や商工会の創業支援担当者が自己紹介と挨拶をされます。その挨拶をフムフムと聞いている人と早速ペンを動かしている人、この差が大きいのです。この担当者の名前をメモする人としない人、それが感度の良い人、悪い人です。

　創業の際にどんどん利用してほしいのが、商工会議所や商工会です。そこで頼りになる担当者の名前を覚えなくては、もったいないです。つまり、この時点でペンを持っていないとおかしいわけです。感度を上げて、いろいろなところにメモを書きこんでください。

　皆さんはこの本を片時も離さずに持っているわけではありません。だから、「元気で負けるな」、「感度を上げろ」と、創業ノートやメモ帳に書き込んでください。それらを実践することが、少しずつ成功を呼び込んでいきます。

●ホームページでの情報提供について

　本書とあわせて利用できる創業計画書の入力様式や、著者による解説ビデオなどを以下のホームページに掲載しています。ぜひ、ご覧ください。
　http://yumekanaeru.net

はしがき　i

第1章　創業するってどういうこと？

1　創業を考える……………………………………………………………2
　(1)　創業とは何か　2
　(2)　誰に対するどんな責任があるのか　4
　(3)　創業（者）に必要なもの　8
　(4)　不安をなくし、危機感・ワクワクで力を発揮　17
2　強みを活かすために自らを知る……………………………………19
　(1)　3つの資質
　　　（起業家マインド・管理者マインド・実務者マインド）　19
　(2)　「反応」から見る3つの分類　20
　(3)　自分を知る　21
3　ゴールや理想像を考えてみる………………………………………22
　(1)　成功とは　22
　(2)　志　22
4　創業計画書で事業を具現化する……………………………………26
　(1)　創業計画書とは何か　26
　(2)　誰のために作成するのか　27
　(3)　何のために作成するのか　27
　(4)　創業計画書のブラッシュアップ　28
　(5)　創業計画書の様式　29
　(6)　創業計画書に記載すべき内容　30
　(7)　数値に関する留意点　31

第2章　経営戦略と事業コンセプト

1　強みと機会を活かした経営戦略 …………………………… 36
　(1)　強みと弱みとは　37
　(2)　何が強みになるのか　37
　(3)　機会と脅威（外部環境分析）　40

2　3C分析 ……………………………………………………… 42
　(1)　3C分析とは　42
　(2)　顧客（Customer）　43
　(3)　競合（Competitor）　47
　(4)　自社（Company）　48

3　事業コンセプトを考える ……………………………………… 49
　(1)　事業コンセプトとは　49
　(2)　4W3Hの視点　50
　(3)　アイデア発想法　54
　(4)　何でも書いてみる　56

第3章　マーケティングで売れる仕組みをつくる

1　マーケティングのポイント …………………………………… 58
　(1)　マーケティングとは　58
　(2)　AIDMAストーリー　58
　(3)　AISASストーリー　61
　(4)　徹底的な顧客志向　61
　(5)　役割の認識　62

2　マーケティングの4P ………………………………………… 63

3　商品（Product） ……………………………………………… 64
　(1)　サービスを売れないか　64
　(2)　本当に売りたいものは何か　64
　(3)　セルとグレード　66

4　広告宣伝（Promotion） ……………………………………… 66
　(1)　リアル集客　67

（2）媒体・イベントによる集客　67
　　（3）リスト集客　68
　　（4）オンライン集客　68
　5　流通（Place）……………………………………………………………… 70
　　（1）販売チャネル　70
　　（2）オフィス　71
　　（3）店舗の立地　74
　　（4）オフィスにまつわる数字　75
　6　価格（Price）…………………………………………………………… 76
　　（1）価格の決定　76
　　（2）心理的価格　78

第4章　資金計画・収支計画で数字を味方につける

　1　資金計画のポイントと手順 …………………………………………… 82
　　（1）設備資金と運転資金　82
　　（2）必要資金の算出手順　83
　　（3）資金調達方法の検討　86
　　（4）資金計画表の様式　91
　2　収支計画のポイントと手順 …………………………………………… 92
　　（1）売上をいかに確保するか　92
　　（2）売上計画のポイント　95
　　（3）利益計画のポイント　99

第5章　プレゼンテーションで思いを伝える

　1　プレゼンテーションで大切なこと ………………………………… 110
　　（1）「いかに伝えたか」ではなく「いかに伝わったか」に
　　　　重点を置くこと　110
　　（2）聞く側の立場になって「おもてなし」に徹すること　110
　　（3）練習を重視すること（練習は裏切らない）　111

2　話すことについて ··· 111
　　(1)　言葉に魂を込める　111
　　(2)　話すスピード　111
　　(3)　滑舌　112
　3　プレゼンテーションのテクニック ··· 113
　　(1)　先に全体像を話す　113
　　(2)　質問で聞く人を巻き込む　113
　4　プレゼンテーション実施の際に確認すべき事柄 ························ 114
　　(1)　目的　114
　　(2)　目標　115
　　(3)　日時　115
　　(4)　場所と設備　115
　　(5)　参加者　116
　　(6)　資料　116

第6章　開業の形態と手続き──個人でいくか、法人にするか

　1　個人か法人か ··· 120
　　(1)　個人と法人の違い　120
　　(2)　形態選定のポイント　120
　2　個人事業主の開業手続き ··· 122
　　(1)　税務関係の手続き　122
　　(2)　社会保険関係の手続き　129
　3　法人の開業手続き ··· 134
　　(1)　株式会社の設立手順と手続き　134
　　(2)　設立以降に必要な手続き　135
　　(3)　許認可関係の手続き　137

第7章　補助金だけじゃない！創業支援制度の概要

　1　さまざまな支援制度 ··· 140
　　(1)　相談・アドバイスの支援　140

(2) オフィス等施設の提供　140
　　(3) インターネットによる情報提供　141
　2　融資制度の活用……………………………………………………141
　　(1) 日本政策金融公庫による融資　141
　　(2) 制度融資　141
　　(3) 新創業融資制度等　142
　3　創業補助金………………………………………………………142
　　(1) 創業補助金とは　142
　　(2) 補助金額、補助率　142
　　(3) 採択されるためのポイント　142
　　(4) 補助金活用の注意点　145

第8章　事業に関する会計処理──決算や納税ってどうやるの？

　1　個人事業の会計処理の進め方……………………………………148
　　(1) 会計処理のスケジュール　148
　　(2) 創業時に行うべきこと　148
　　(3) 1年の間に行うべきこと　148
　　(4) 1年が終わったら　149
　2　株式会社の会計処理の進め方……………………………………149
　　(1) 会計処理のスケジュール　150
　　(2) 創業時に行うべきこと　150
　　(3) その他　150
　3　消費税について…………………………………………………151
　　(1) 消費税の納付と還付　151
　　(2) 消費税の納税対象者　151
　　(3) 特定期間に注意　152
　　(4) 簡易課税という方法　152
　4　個人事業主の会計についてのQ&A ……………………………153

第9章　人材をどう集め、どう育てるか

1　人材募集・採用の方法とポイント……………………156
　(1) 募集・採用に必要な知識　156
　(2) 雇用形態　158
　(3) 採用の方法　158
　(4) 選考　159
　(5) 採用手続き　162
2　人材教育の心得……………………………………164
　(1) 信頼関係の構築　164
　(2) 目標・夢の共有　164
　(3) 団結力を育てる　165

第10章　ITを効果的に活用する

1　IT活用とAIDMA、AISAS ……………………………168
2　ホームページ、ブログでの情報発信………………168
　(1) ホームページの開設　168
　(2) ブログの開設　175
3　ネットショップの開設と集客、コンバージョン………175
　(1) ネットショップの形態　175
　(2) 集客　178
　(3) コンバージョン　182
4　SNS ……………………………………………………188
　(1) SNSの種類と特徴　188
　(2) Facebookの活用　189
5　クラウドの活用と便利なソフトウェアの紹介………192
　(1) クラウドサービス　192
　(2) クラウドソーシング　193
　(3) その他の便利なソフトウェア　194

おわりに　196

第1章 創業するってどういうこと？

　創業とは、自分が経営者になることです。では、経営者になるために必要なものは何でしょうか、創業に際して、自分の強みをどう活かせばいいのでしょうか、そして、創業における「成功」とは何でしょうか。第1章では、創業とは何かをあらためて考えたうえで、創業にあたっての心構えを指南し、創業を形にするための創業計画書にも言及します。

1 創業を考える

（1）創業とは何か

　創業とは、自分の理想とする人生を実現するために事業の仕組みをつくり、その中でやることに対して「責任を持つ」ことです。そのため、自分の理想とする人生とは何か、事業の仕組みをどうつくるか、誰に対してどのような「責任を持つ」のか、を考えることになります。

　でも、経営者には「責任」以外に、もう1つ与えられたものがあります。それは「権限」です。権限と責任はセットになっており、この2つは切り離せません。

　例えば、商売を始めて、社員を雇いました。この人には給料を払っていかなければなりません。大きな責任を負っています。仮に月給が20万円なら、その人に毎月20万円、自分の取り分がなかったとしても払っていかなければなりません。

　さて、皆さん、「今から毎月、誰かに20万円払っていってください」と言われたら困りますよね。どうしたらいいのだろう、何ができるのだろうと、いろいろ考えて、思いついたことをどんどんやっていかなければなりません。この思いついたことをどんどんやっていくこと、これこそが与えられている権限なのです。

　これは、好き勝手やれという意味ではありません。責任を果たすために自由にやることが許されているのです。もちろん、自由と言っても、誰かを泣かせるようなことをしてはいけません。逆に、誰も泣かないのなら、自由にやって構わないのです。経営者には、そういう権限が与えられています。責任を果たすための権限です。

　次に、「自分の理想とする人生」について考えていきます。誰しも自分の好きなこと、自分のやりたいことをしていきたいと考えています。この好きなこと、やりたいことが、事業のアイデアのもとになり、事業コンセプトに

なっていきます。これは、今の時点で明確でなくても構いません。今は考える時間だからです。ただし、おぼろげでも何かを持っていないとダメです。

次に、「事業の仕組み」です。創業に際し、最初は誰でもやっていけるかどうか不安を持ちます。売上があがらなければ、事業は成立しません。自分の商品やサービスを売っていく仕組みを考えなければなりません。

最後はやはり、「責任を持つ」についてです。「誰に」対して、「どう」責任を持つのか。まず「誰に」について、最初に思い浮かぶのは、自分の家族ではないでしょうか。自分の家族に対して、どう責任を果たすのか。「独立開業しようと思うんだけど」と切り出したら、家族は普通「ちょっと待って、反対だよ、私」となりますね、でも、自分の夢を果たしたい皆さんは、なんとか説得しなければなりません。「多分いけると思うから、やらせてよ」…そんなことで「はい」とは言ってくれません。「多分いけるって、どういうこと？ ちゃんと説明してよ」となるでしょう。そこで、仮に次のように説明したとします。

「実は、喫茶店やりたいんだよ。いい雰囲気で、コーヒーがうまい店をやりたいんだ」

「どこでやるつもりなの？」

「まだ、決めてない」

「コーヒー1杯、いくらでやるの？」

「うーん、500円ぐらい…」

「そもそも、コーヒー豆をどこから仕入れるの？」

「スーパーで買ってくればいいだろう」

これでは困るわけです。まわりは誰一人納得しません。そこで必要になってくるのが、納得してもらうためのツールです。

その代表的なものは、創業計画書です。頭の中にある新しい事業のアイデアを文章や数字、イラストなどを使って表していくわけです。

この創業計画書は相手を納得させるには便利なツールなのですが、その一方で気を付けなければならないこともあります。創業計画書を作成して相手

に見せたら、あなたの考えていることは相手に伝わってしまいます。それは、相手に対し「私はこれをやります」と約束したことになります。もちろん、計画書は、実績に応じて少しずつ修正を加えていくものですが、それと全然違うことをしていたら、相手の信用を失います。

「こういうことをやると言うから、応援しようと思っていたのに、全然やっていることが違う」

「あなた、嘘つきですね」

となってしまうわけです。そんなことを言われたらたまりません。

このように、創業計画書は非常に便利なツールの1つなのですが、見せた相手に対して約束・責任が生じることを忘れないでください。

(2) 誰に対するどんな責任があるのか

責任を持つ相手は、家族ばかりではありません。他にも、責任を果たすべき相手があります。また、「誰に」とあわせて、考えてほしいことがあります。それは、「どんな」責任を持つのかです。創業者は、誰に対してどんな責任を持つのでしょうか。ここでは、それを考えていきます。

① 家族

家族に対しては、「守る」という責任ともう1つ、「幸せにする（幸せになる）」という責任があります。

創業の話を家族に持ちかけたとき、多くの場合は反対されます。それは、将来に対して不安があるからです。「収入が減って、買いたいものも買えなくなるのではないか」、「事業不振が原因で夫婦喧嘩になり、最後には別れてしまうのではないか」など、いろいろな不安が出てきます。また、「これから子どもをつくりたいと思っていたのに、考え直さなければいけないのか」などと、将来の計画についても心配になってきます。

すなわち、家族に対しては、「守る」に加えて「家族一緒に幸せになる」という責任を果たさなければいけません。そのベースになるものは生活費のもとになるお金でしょう。毎月決まった金額でなくても、生活を守るために最低限必要なお金は提供する必要があります。「もしかしたら、最初の1年

は儲からないかもしれない。頼むから、パートタイムの仕事に出てくれないか」ということになるかもしれません。もちろん、それでも構いません。一緒に幸せになれればいいのです。

手順としては、まず自分の家庭を維持するために毎月いくら必要なのか知る必要があります。家賃、食費、水道光熱費など必要不可欠なものもあれば、将来のための貯金もあるでしょう。優先順位を決め、必要なものだけを抽出して合算すれば、金額が出てきます。その金額を毎月渡すことを約束するのです。事業が黒字であろうと赤字であろうと、この約束は守らなければなりません（最初のうち赤字が続くことが見込まれるのであれば、その分の余剰資金も必要になってきます）。

さらに、その約束が果たせなかった場合どうするか決めておくことも必要です。例えば、前述した約束を3回果たせなかったら、再就職のために求職活動をすると約束しておくのです。

これで家族は、「この先どうなるかわからないけど、生活費は入れてくれるし、ダメだったら再就職してくれる」と安心するはずです。

大切なのは、家族の幸せを第一に考え、それを家族に伝えることです。

② 社員

次は、社員に対する責任です。社員に対する責任といえば、給料を渡すことが思い浮かびますが、それだけでいいのでしょうか。

これは、自分が社員の立場になって考えればすぐに答えが見つかります。給料以外に、社員の働きがい、生きがいを考えなければならないのです。人生の多くの時間を割いて、経営者の夢や、やりたい事業に協力しようと言ってくれている社員が、働きがいなく勤務しているようでは困ります。

「お金のために働いているわけじゃない」…世の中すべての人が、一度はこう考えたと思います。将来、自分のところにくる社員も、同じようなことを考えています。そうなると、給料を渡すだけでは足りません。

社員に職場の中で生きがいを見つけてもらうためには、必要なものがあります。それは、「信頼関係」です。「信頼」だけではなくて、「信頼関係」で

す。まず、「信頼」とは何でしょうか。それは文字通り、「信じて頼る」ことです。では、「信じる」とはどういうことでしょうか。ここで、逆の質問をしましょう。

「信じられない人とは、どういう人でしょう」

答えは明確です。人は相手に嘘をつかれた瞬間、その人を信じられなくなります。だから、まずは嘘をつかないことが大切です。

ただし、信頼されるためには、それだけでは不十分です。相手を頼らなければいけません。自分でやった方が早いと思える仕事でも、社員を積極的に頼ってください。その信頼に社員が応えてくれたら、感謝の言葉を掛けてください。それではじめて、社員もやってよかったと感じるようになります。また、これは相互関係ですので、社員に信じてもらって、社員から頼られなければいけません。

相手が自分のことを信じて頼ってくれているかどうか、不安なときがあります。でも不安だからこそ、もっと信じて、頼ってもらうために、できることを考えていけばいいのです。

信頼関係ができると、仕事が面白くなって、やりがいが出てきます。それがそのまま、生きがいに変わってくるのです。

③　**顧客**

次は顧客です。顧客に対しては、どのような責任を負うのでしょうか。これはもう、明確だと思います。いい商品、いいサービスを提供することです。ただし、商品やサービスの質を上げるだけでなく、「提供し続けること」も大切です。

例えば、飲食店を開いて、固定客もつき、軌道に乗ってきたのに、店をたたんでしまう人がいたとします。せっかく流行っているのにもったいないという声が聞こえてきそうですが、私が言いたいのはそこではありません。この人は顧客を裏切っているのです。顧客は、「明日来ても、この店でおいしいものが食べられる」と思っているのです。そこにあり続けることを顧客は期待しているわけです。悪いものを提供するのは論外ですが、いいもので

あっても、それをどう提供し続けていくのかを考える必要があります。

④　協力会社

協力会社に対する責任はどうでしょうか。材料や商品、サービスなど、さまざまなものを提供してくれる協力会社なしでは、顧客に対して最高の商品、最高のサービスを提供することができません。そのため、事業のパートナーとして、お互いを高め、ともに収益を得て、信頼関係のもと発展し続ける必要があります。

相手も自分と同じ企業であることを理解する必要があります。相手にも、守るべき社員、責任を果たすべき顧客などが存在します。だから、お互いその責任を果たしながら、よりよい企業へ発展していこうという相互理解が大切です。惰性や馴れ合いはよくありませんが、お互いの信頼関係とその源となる継続性も大切にしてください。

⑤　金融機関

金融機関に対しては、借入金の返済という責任があります。「返済できないときは、返さなくてもいい」と開き直る人がいます。確かに、金融機関は倒産などの理由である程度返済されないことを予測して利息などを決定しています。

しかし、「返せない」と「返さなくていい」はまったく違います。また、この意見はあまりに利己的です。もし、他の会社が本当にいい商品、いいサービスを提供しようと金融機関に融資を申し入れた際に、「最近、貸し倒れがたくさんあったので、あなたには貸せない」と言われたらどうなるでしょうか。私たちは、金融機関やお金を通して、多くの人や企業とつながっていることも認識しておく必要があります。

⑥　自分

ここまで、創業者には誰に対するどのような責任があるのか、いろいろと説明してきました。誰に対する責任かを考えるうえで、家族や社員、顧客より大切なものがあります。それは、「自分」に対する責任です。

この本を読んでいる皆さんは今、夢の実現のために大きな一歩を踏み出そ

うとしています。創業は楽しいことだけではありません。いろいろと面倒な問題が出てきます。もうやめたいと思うこともあるでしょう。嫌なことが続くと、気持ちも少しずつ荒れてきます。次第におかしなことになって、こんなはずではなかったと後悔するかもしれません。

　創業者は，事業を通し自分自身も幸せにならなければいけません。誰もが皆、最高とは言わないまでも「まあまあ、いい人生だった」と思って一生を終えたいと思っています。そうできないなら、創業などという大変なことはしない方がいいのです。そしてできれば、皆さんには「まあまあ」ではなく、「最高の人生」を送ってほしいと思うのです。

　それが、自分に対する責任です。会社を経営していれば、自分のことは横に置かざるを得ないときもあるかもしれません。けれども、置きっぱなしでは自分が可哀想です。

　もう1つ違う言い方をすれば、幸せでない人は、他人を幸せにはできません。そういう意味でも、ぜひ自分自身が「幸せになる」という責任を果たしてほしいと思います。

経営者の責任

誰に	家族	社員	顧客	協力会社	金融機関	自分
どんな	守る 幸せにする	給与 やりがい	いいものを提供し続ける	ともに発展し続ける	返済する	最高の人生を歩む

(3) 創業（者）に必要なもの

　ここでは、創業（者）に必要な12個の要素について説明します。

① 情熱と執念、そして理念

　まず1つ目は、情熱、執念、理念です。情熱、執念には説明は不要でしょう。理念についてはいかがでしょうか。この言葉と近い意味を持つものに「信念」があります。その違いを説明します。

　理念と信念の違いは、アニメなどに登場する悪役を思い浮かべるとわかり

やすいでしょう。例えば、アンパンマンの話に登場するバイキンマン。年配の方なら、石川五右衛門や人斬り以蔵などです。バイキンマンは、ものすごく強い信念を持って活動しています。その信念は「誰が何と言おうと、アンパンマンを倒す」です。「誰が何と言おうと」ですから、筋が通っているかどうか、法律的にどうか、皆が賛成するかどうかなどは関係ありません。

　それに対して、理念はどうでしょうか。「理にかなっている信念」と考えてください。「理にかなう」とは、理屈や筋道が通り、誰が聞いても納得できるといった意味です。自分の思いであると同時に、社会的に理解が得られるものです。これを事業に当てはめると、その事業をやっている理由になります。ただ、「儲けたいから」や「お客さんに喜んでもらいたいから」といった目先の理由ではなく、もっと高い次元で考えるものが理念です。「どうしてこの商売をしているのか」、「どうして定食屋なのか」、「どうしておいしいものを食べてほしいと思っているのか」、「どうしてこの地域の人を喜ばせたいと思っているのか」など、「どうして」を繰り返して考えると、本当の目的が出てきます。このようにして追求した理念は、誰に説明しても納得してもらえるはずです。

　この理念は、創業して数年経ってから出てくる場合もあります。私がいい例です。11年前に創業したとき、「あなたはどういう思いでコンサルをやっているのですか」と聞かれると、それらしいことを答えていたのですが、内心は「食べていくため」と思っていました。それが何年かして「食べていく」という目的に見込みがついてくると、「自分がコンサルをやっているのは、経営者を元気にするためかな」と考え出します。しかし、コンサルタントにとってこれは当たり前のことで、究極の目的ではありません。元気な経営者が増えることが世の中に与える影響に想いをはせて、経営者、その会社の社員、その家族、そこにいる子どもとたどり、「子どもたちがいつも笑っていて、希望や夢に満ちている世界にしたい」という理念を得ることができました。

　創業関係のセミナーでは、理念について受講者と話し合うことがありま

す。パン屋を始める人であれば、おいしいパンを提供したいと思うだけでなく、パンを買いにきたお客さんの、店を出ていった後のストーリーまで考えてほしいと伝えます。誰かとそのおいしいパンを食べて、笑顔になって幸せになる。家族と食べる、友だちと食べる、恋人と食べる…。そうした楽しい食事に貢献するパン屋は、幸せな人を増やすことができるはずです。「それって、社会を明るくすることになりませんか」と問いかけています。美容院も同じです。来てくれたお客さんの中には「これからデートだから…」という人もいれば、「何だかムシャクシャして…」という人もいるでしょう。そして皆、きれいになって帰っていきます。そのとき、感謝の言葉とともに笑顔になる。「それは、お客さんに希望を与えているんですよ」と伝えています。

② マネジメント能力

　マネジメントとは、管理という意味です。何を管理するのかと言えば、自分自身です。創業は誰かに言われて行うものではなく、自らが計画し進めていくものです。自分で決めたことを自分で実行する、そのために必要なのがマネジメント能力なのです。管理すべき項目は「マインド」、「お金」、「時間」の3つです。

　「マインド」とは気持ちのことで、動機やモチベーションと言い換えてもらっても構いません。それを維持するのです。維持する方法は人それぞれです。例えば、人に褒められるとモチベーションがアップする人がいます。そういう人は、モチベーションをキープするために、自分のやりたいことを積極的に人に伝えるようにしてください。人にそれを評価されたり励まされたりすると、達成意欲が高まります。

　次は、「お金」です。創業のための資金を貯めるのですが、これも自分を律することができなければなかなか実行できません。決めたことを、きっちり守ることが大切です。

　3つ目が「時間」です。これが、一番難しい管理項目です。残念ながら、1年は365日、1日は24時間しかありません。この有限な時間を、どう割り

振るかを考える必要があります。皆さんも、創業のことばかり考えてはいられないでしょう。今の仕事もあるし、家事や子育て、親の介護があるかもしれません。そのような中で、創業について考える時間をいかに確保するかというのが、時間についてのマネジメントです。次に例を使って説明します。

③ **時間**

創業には、十分な「時間」が必要です。でも、皆さんは結構忙しいでしょう。そこで、時間をうまく使う工夫をしなければいけません。

空いた時間を何に使うかを決める際に、緊急度と重要度の2つがモノサシになります。下の図を見てください。緊急度と重要度の高低によって、仕事を4つのグループに分けています。右上の第1グループは緊急度、重要度ともに高いため、優先度も最高になります。皆さん、ここから手をつけます。次に手をつけるのは、第2グループでしょうか。そして、第3グループ、第4グループの順だと思います。

しかし、多くの人は第2グループまでで手がいっぱいになってしまい、第3グループの作業を行うことができません。重要度が高いにもかかわらずです。創業について考えることも、この第3グループに入っているわけです。

どうやって時間をつくるかのポイントは、第2グループにあります。本当に緊急度が高いのか、今日中にやる必要があるのか、来週に回せないのか、

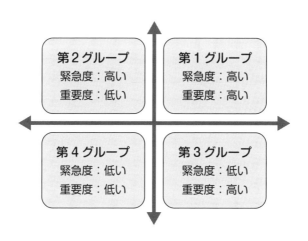

といった具合に見直してみてほしいのです。

　あとは、隙間時間をいかに有効に活用するかです。下の写真を見てください。これは、私が手帳に書いた週間スケジュールです（固有名詞はあえて記号で記しています）。6月13日からの1週間で1行目に日付が振ってあり、縦には時間が9時から21時まで記してあります。斜線の入った部分は、移動時間です。読書や英会話の教材を聞いたり、休息にあてたりしています。点線のエリアが自由になる時間です。この時間でやるべきことは議事録の作成や研修の準備ですが、それらの作業をする時間が自分の裁量で決められるわけです。そこに、重要度の低い仕事、必ずしも今やる必要のない仕事を入れてしまえば、緊急度や重要度が高い作業を入れることができません。余裕があるときに、これらの点線のエリアで、将来構想や次年度の計画などを練ったりしています。

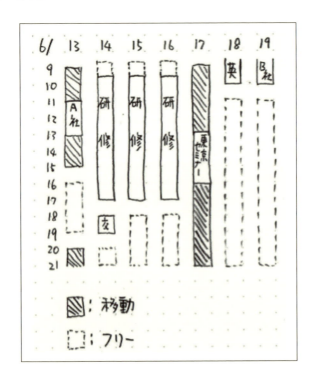

④ 信用

次は、「信用」です。前に説明した通り、嘘をつかないことです。もう1つは、時間を守ることです。信用を得るには、嘘をつかない、時間を守る、この2つがとても重要です。

⑤ 事業に関するスキル・経験

例えば、喫茶店をやりたいと考えているなら、コーヒーの原価がいくらなのか、即答できなければなりません。花屋だったら、生の花、例えばバラの花は冷蔵庫でどれぐらい保存がきくのか、デイサービスだったら、サービス単価の相場はいくらかといった質問にパッと答えられるかどうかで経験の差を感じます。金融機関に融資を申し込む際、面接のようなものがありますが、担当者はこういった質問をしてきます。

経験を積んで知識もある人からは、具体的で明確な答えが返ってきます。「コーヒーの原価と一口に言っても、コーヒーの種類によって、当然変わってきます。○○という銘柄なら、○○円ぐらいです。私は◇◇という銘柄が好きなのですが、最近、為替の影響か価格が上がっていて◇◇円ぐらいするんです」といった具合です。

こういう回答ができるようになるには、スキルと経験、知識が必要です。将来やりたい業種と今働いている業種が同じであれば、業務の傍ら、そうした視点でものごとを見るようにしてください。

⑥ モノ（設備や商材）

6番目は、「モノ」です。設備や商材のことで、特に商材が大切です。皆さんが考えている事業の売り物は何でしょうか。例えば、定食屋の場合、売り物は定食だけなのかと考えてみてほしいのです。それは、コーヒーも出すということではなく、もしかしたら、お客さんはおしゃべりを楽しみに来店するのかもしれないし、スポーツ新聞を読みにくるのかもしれません。「何を売るのか」という質問の回答は、いろいろな角度から考えてみる必要があります。

⑦　顧客本位の考え方

　7番目は、「顧客本位の考え方」です。「顧客第一主義」という言葉を聞いたことがあると思いますが、本当にそれを実行できている人や企業は少ないと感じます。それは、顧客の視点に立てていないからです。さらに言えば、手段と目的の違いを認識していない結果です。

　下の写真を見てください。とある家族が住宅を新築し、引き渡しの日に撮った記念写真をイメージしてください。皆さんは、工務店の社長になったつもりでこの先を読んでください。

　皆さんが売っているモノは何でしょうか。当然、後ろに写っている住宅です。それでは、このご家族が買っているものは何でしょうか。わざわざ聞くぐらいですから、答えは住宅ではありません。

　右から2番目のお父さんは、きっと住宅ローンを組まれたと思います。住宅ローンを組んだら、ずっと払っていかなければいけません。将来、勤務先の所属が変わって、相性の合わない上司にパワハラを受けるかもしれないし、マイホームを買ったのに、単身赴任で家族バラバラに住むことになるかもしれません。そんな苦労をしてまで、どうしてマイホームを買うのでしょうか。それは、この人には成し遂げたいことがあるからです。この住宅に、

何かを期待しているわけです。それがわかれば、顧客本位の視点に立てていることになります。

　では、そろそろ答えをお教えします。この人は、マイホームを買うことで、「家族が将来、幸せに暮らす」という「希望」を買っているのです。

　それでは、次の問題です。

「家族が幸せになるためには、マイホームが必ず必要なんでしょうか」

　その答えは明確です。必ずしもマイホームは必要ではなく、「皆が健康で過ごす」、「年に1回旅行に行く」、「月に1回おいしい店に食べにいく」といった家族も幸せそうです。工務店は住宅を通して家族を幸せにする、言わば請負人であり、健康を維持するためのクリニック、旅行を企画する旅行代理店、レストランなどの飲食店なども同じ「ファミリー幸せ請負人」なのです。そして、こうした業種が、工務店のライバルになるわけです。

　この例の場合、顧客の目的は「家族と過ごす幸せな時間」を得ることであり、工務店の経営者はその手段の1つとして住宅を提供していることになります。

　このように、顧客本位の視点とは、そのお客さんが本当に望んでいることを理解し、行動に移すことなのです。そこまで考えて、はじめて顧客第一主義と言えます。顧客の目的とは何かを、常に自問自答してください。

　この話には、続きがあります。マイホームを手に入れるこのご家族の「幸せな時間」は、マイホームを検討するときから始まっています。多くの工務店やハウスメーカーを訪れ、どこに依頼するか決め、間取りの打ち合わせをし、見積に一喜一憂し…という時間も幸せである必要があります。工務店が快適な家を提供するのは当たり前です。それだけでなく、間取りを家族と一緒になって考え、打ち合わせの時間を幸せにしてくれる。そんな工務店に皆さんは依頼したいと思いませんか。工務店以外の事業を始める皆さんも同じような想いを持って顧客と接してください。

⑧　**幅広い人脈**

　次は、「人脈」です。人脈は、どうすればつくれるのでしょうか。人が集

まる場で、名刺交換しただけでは人脈にはなりません。人は出会ってから知り合い、友だち、仲間の順に密度の高い交流を行うようになります。名刺交換だけでは、知り合いにすらなることができません。

　ここでも、大切なのは信頼関係です。信頼関係に必要なのは、自分のことよりも他人の役に立とうという気持ちです。「この人に喜んでもらおう」、「まわりにいる人に笑顔になってもらおう」という気持ちで一生懸命行動してください。そうした中で、人脈はできてきます。

⑨　情報処理能力

　「情報リテラシー」という言葉があります。情報を上手に扱う能力のことを言います。この能力の要素は、3つあると言われています。

　1つ目は、「収集能力」です。インターネットが得意な人であれば、検索することで多くの情報を集めることができます。インターネット以外にも、書籍や人脈からさまざまな情報を集めることができます。

　2つ目は、「分析能力」です。集めた情報が何を意味するのか考え、自らの仮説を立て検証する能力です。グラフにするなど、視覚化する能力もここに含まれます。

　3つ目は、「意思決定能力」です。ほとんどの人は分析までで止まってしまうのですが、ここで止まってしまっては、それまでの時間がもったいなくなります。分析をした後、「じゃあ、こうしよう」と意思決定をしなければいけません。それでこそ、収集、分析にかけた時間、労力が生きてきます。

　例えば、飲食店での創業を考えている人が、とりあえず片っ端から飲食店のホームページを印刷しようとしたとします。それだけでは、収集しただけです。そのあと、飲食店のホームページの傾向をつかみ（分析）、自分の店のホームページのデザインを検討したり、ホームページの料理の写真を見ながらメニューや盛り付けの仕方を工夫するといったことです。必ず、この意思決定の段階まで進んでください。

⑩　自己資金

　次は、「自己資金」です。これはもう一言、「貯めてください」としか言い

ようがありません。今はさまざまな創業支援施策があり、自己資金ゼロでも創業に関する融資制度が使えるようになっています。それを使うのもありなのですが、自己資金をある程度は投入すべきだと考えています。なぜなら、張り合いがないからです。自分で一生懸命貯めたお金を投入し、気持ちを引き締め、必ず無駄にはしないとモチベーションを高めていってほしいのです。

⑪ **家族の理解**

経営者の責任のところで説明しましたが、家族を説得し理解を得ることはとても大切です。その理由は、2つあります。まず1つ目は、家族ぐらい説得できずに、どうして顧客に商品・サービスのよさをわかってもらえるのかということです。もう1つは、家族は最後まで味方になってくれるということです。最後まで応援してくれるのは、家族だけです。

家族の理解を得るためのポイントは、約束をすることです。あやふやさをなるべく排除した明確な約束をし、家族を安心させて理解を得、心強い応援団になってもらってください。

⑫ **健康・体力**

最後は、「健康と体力」です。皆さんは、経営者になった瞬間に意識が変化します。創業前は、経営者になったつもりで事業のことを想像している状態です。しかし、開業手続きをすませていよいよスタートしたら、次から次へと現実に対応していかなければならず、事業のことを四六時中考えるようになります。これはもう、ほとんどの人が同じです。24時間365日、風邪をひいている時間もないわけです。

その中で重要なのは、やっぱり健康と体力です。健康診断には、必ず行きましょう。もし悪いところがあるのであれば、創業前にしっかり治しておきましょう。

(4) 不安をなくし、危機感・ワクワクで力を発揮

創業にあたって、皆さん、不安が大きいと思います。この不安にどう向き合っていけばいいでしょうか。皆さんが創業計画書を作成し、事業の将来像を描いたとします。そして、それに対する現在の状況を考えてみます。仮に

創業資金に1,000万円必要だと判明したのに、貯蓄は300万円しかないとすると、目標と現状には大きな隔たりがあります。この隔たり、すなわち「差」のことを「問題」といいます。

　しかし、問題が把握できていれば、不安を拭い去れます。この問題に対して、足らない700万円をどうするのかと考えます。「じゃあ、会社に内緒で土日にアルバイトでもするか。それで、月５万円ぐらい入ってくるだろう。あとは、少し退職金も入ってくるだろうから…」などと考えるわけです。こう考える前は、700万円足りないという不安しかありませんでしたが、バイトと退職金作戦を考えた後は、「土日だけのアルバイトを探さないといけない」、「退職金がいくらぐらいになるか調べないといけない」といった「やるべきことリスト」ができてきます。この「やるべきこと」を課題と言うのです。リストアップされた課題が全然達成されていない状態に自分を奮い立たせるのが危機感であり、課題が少しずつ達成されていくと、ワクワク状態に移ってきます。

　今の例は、問題が課題に変わった瞬間の話です。問題と課題を混同している人が多いですが、問題はまだ不安な状態のままです。しかし、解決策を考えると、問題が課題に変わります。課題が見えてくると「やらなければ」という危機感が募り、課題が達成されてくると、ワクワク感になっていくのです。不安を生む３つの要素を整理すると、次のようになります。

$$\boxed{\text{目標 － 現状 ＝ 問題 ⇒ 課題}}$$

　まず、何が問題なのかはっきりさせる必要があります。問題は目標と現状の差ですから、目標と現状を明確にします。問題が明らかになったら、次はその問題を解決するためにやるべきことを考えましょう。このステップを一つひとつ進め、問題をなくしていくのです。自分の問題をはっきり認識し、解決するための手段を考えると少しずつ不安が危機感になってきます。そし

て、この危機感が力になって、少しずつ問題が解決され、ワクワクドキドキしてきます。

2　強みを活かすために自らを知る

　経営者として必要なことは、数多くあります。その中で、自分の強みは可能な限り活かしていきたいものです。そのためには、自分を知ることが大切になります。ここでは自分を知り、強みを活かすことについて説明します。

（1）3つの資質（起業家マインド・管理者マインド・実務者マインド）

　経営者に関する3つの資質というものがあります。それは、「起業家マインド」、「管理者マインド」、「実務者マインド」と呼ばれます。

　「起業家マインド」とは、新しいことを好むマインドです。皆さんは新しく事業をやりたいと思っているわけですから、起業家マインドはゼロではありません。おおむね、創業を志す人には強い方が多いようです。

　「管理者マインド」は、変化を嫌うマインドです。新しいことを始めたら、いろいろと管理すべきことが出てきます。売上、顧客、店舗設備、従業員…本当に多岐にわたります。管理を進めながら、うまくいくやり方を見出して慣れていくわけですが、次第にそれを変えたくないという気持ちが芽生えてきます。例えば、集客のためのチラシを配って大成功したとします。「もっと改善して、新しいチラシを配ろう」というのが起業家マインドで、「これでうまくいったから、次も同じチラシを打とう」というのが管理者マインドです。2回、3回と同じチラシを配っているうちに効果が薄れてきたのに、「いやいや、あのときうまくいったのだから、次こそは…」となるとよくありません。このように、管理者マインドは悪い面でも出てきますが、物事をきちんと進めるといういい面でも出てきます。

　最後は、「実務者マインド」です。これは、自分でやりたいというマインドです。例えば、パンづくりが得意だからとパン屋を始めた人がいるとします。最初はそう忙しくなかったため自分で焼いていたのが、次第に人気が出

て、行列ができるようになってきました。1人では手がいっぱいなので、人を入れようと考え出します。でも、「私のパンを食べにきてくれているのだから、自分で焼きたい」という思いがあります。

　素晴らしい心構えとも言えますが、人気が出て行列ができ、何時間も待たされたあげくに売り切れで買えない顧客が出てきたり、「食べたい」と泣きぐずる子どもに困り果てる母親の姿を見ると、どこか矛盾を感じます。本当にお客さんのためを思っているのであれば、考えるべきことがあります。良質な商品、サービスを提供していると、企業は自ずと拡大を強いられるようになります。質的な発展が、量的な発展につながっていくわけです。パン屋の経営者は自らの実務者マインドを抑え込み、管理者マインドを育んで自分以上のパン職人を育て、顧客の支持を高めながら会社を守っていかなければならないのです。

(2)「反応」から見る3つの分類

　冒頭に、私が創業塾で行う挨拶の儀式について説明しましたが、もう1つの儀式を紹介します。

　安　田：朝の元気挨拶に続く、第2弾無茶ぶりです。よく聞いてください。多分、10秒あったらできると思います。1回しか言いませんよ。同じテーブルの全員と握手をしてください。はい、よーイドン。

　受講者：（とまどいながら、まわりの人と握手を交わす）

　この儀式には、2つの意味があります。挨拶の儀式では「経営者、創業者は元気で負けるな」というメッセージをお伝えしたかったのですが、ここでもう1つお伝えしたいのが、「反応すること」の大切さです。この儀式、本当に簡単なことなのに、ごくまれにやってくれない人がいます。握手しないと、相手の人も困ってしまいます。正直、やりたくないけど、仕方がなくやったという人もいます。世の中には、「反応する人」と「反応しない人」がいるのです。

　それでは、創業者にはどちらが適しているのでしょうか。この答えは明確で「反応する人」の方です。反応するために必要なのは、感度を上げること

です。何事にも反応できる、素直でフラットな状態であることも大切です。

そして、「反応する人」、「反応しない人」以外に、もう1つのグループが存在します。それは「反応を起こす人」です。それでは、これらの3つのグループのうち、創業者はどこに属するべきなのでしょうか。当然、「反応を起こす人」です。「反応を起こす人」になるには、感度を上げるとともに磨くべき能力があります。それは、「気づく能力」です。

人は世の中の変化、まわりの状況の変化、隣の人の変化など、変化に気づくと反応や行動を起こします。変化に気がつかない場合は、現状維持に陥り、反応や行動が出てきません。それでは、「気づく能力」を磨くにはどうしたらいいでしょうか。

1つは、何か自分が興味のある分野に的を絞って、世の中を見回してみることです。私は文房具が好きなので、まわりの人が使っている鉛筆や筆箱などに興味がいきます。ただ興味を持つだけでなく、「いい鉛筆をお使いですね」などと声をかけます。すると、言われた方は笑顔になったり、鉛筆の話に花が咲いたりします。

もう1つは、「ありがとう」と言う回数を増やすことです。訓練だと思って努めて行うと、効果も上がります。「ありがとう」と言うためには、誰かの気遣い、心配りに気がつかなければなりません。例えば、商業施設の入口で、前の人が次に入ってくる人に気を配ってドアを開けたまま支えてくれていることがあります。このときにすかさず、「ありがとうございます」です。こうした人の配慮を当たり前だと見過ごしてしまうと、「ありがとう」とは言えなくなります。

当たり前ではないことに気づき、そこから反応を起こすことで、ビジネスになるかもしれません。それを、顧客に喜んでもらえる種にできるかもしれません。そうなれば、顧客も「ありがとう」と声をかけてくれます。皆さんは、そうした事業をしていきたいと願っているはずです。

(3) 自分を知る

ここでは、自分らしさ、自分の持ち味は何かと考えてみましょう。性格や

性別、年齢、出身地	
性格	
自分自身の好きなところ	
自分自身の嫌いなところ	
持っている資格	
趣味や特技	
これまで経験してきたこと	
その他	

趣味など、自分らしさを表すものはさまざまあります。上の表を使って、自分のことを振り返ってみてください。

3 ゴールや理想像を考えてみる

（1）成功とは

皆さんの思い描く成功のイメージはどのようなものでしょうか。一般的に成功とは、困難な目的が成し遂げられることを意味します。困難かどうかはさておき、創業者にとっての成功とは、事業の成功を意味することが多いでしょう。それとは別に、事業を通して成し遂げたいこともあるはずです。こちらは、事業の成功ではなく人生の成功と言った方がいいかもしれません。

人生の成功は人によってさまざまですが、共通するのは「自分らしく生きること」、さらには「自分に満足できること」だと考えています。自分らしさについては、前節で考えました。ここでは、どうしたら自分に満足できるのかを考えてみてください。

（2）志

① 夢や目標を具体化する

創業ですから、夢や目標は当然重視されます。ただし、そうは言っても、なかなか具体的にならない人が多いのも事実です。「雑貨屋をやりたい」、

■ 第1章 創業するってどういうこと？ ■

「ラーメン屋をやりたい」といった大くくりでぼやっとした状態です。最初はそれでも構いません。おすすめするのは、その状態から絵を描いてみることです。

　私は創業希望者から相談を受けたとき、よく絵を描いてみます。例えば、ラーメン屋の場合なら、以下のように進んでいきます。

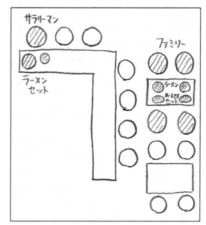

安　田：それでは、あなたがやりたいラーメン屋の絵を描きましょう（右のような非常に大ざっぱな絵を描く）。僕が思うラーメン屋は、こんな感じでカウンターがあって椅子がこう並んでいるのですが、このような感じですか？

相談者：はい、そのような感じです。

安　田：じゃあ、カウンターだけ？

相談者：ちょっと、テーブルもほしいんです。

安　田：どうしてですか？　カウンターだけでいいじゃないですか。ラーメン屋なんですし…。

相談者：いや、家族連れも来ますから…。

安　田：それでは、「家族連れで来られるラーメン屋」が1つの特徴ですね。テーブルは2つぐらいですか？

相談者：そうです。4人席で2つぐらいです。

安　田：わかりました。それでは、次を考えてみます。この席にお客さんが来ました。何を食べるんですか？

相談者：そりゃ、ラーメンですよ。

安　田：ラーメンの味は、塩？　醤油？　それとも…。

相談者：とんこつベースの塩です！

安　田：横に小鉢みたいなものはついているのですか？

相談者：はい。カウンターではきっと、サラリーマンがご飯を食べているんです。

安　田：サラリーマンにご飯…ラーメンセットですね。次は、この4人席です。ファミリーがこのテーブルに座るとして、お父さん、お母さんと子ども2人が来ました。お父さん、お母さんはラーメンを食べていますか？

相談者：はい、そうです。

安　田：子どもはどうでしょう？

相談者：お子さまセットみたいなものかな…。

安　田：では、とんこつ塩ラーメン、ライス、お子さまセットが少なくともメニューにあるんですね。次に行きましょう。席数はカウンターに7つとテーブルに計8つ。合計15ですね。営業時間はどうしますか？

相談者：この絵はファミリーが来ているので夜7時ごろですが、お昼もやりたいんです。

安　田：お昼と夜ですね。お昼は11時〜1時までとして、この2時間で何回転させますか。

相談者：1回転…1〜2回転！

安　田：では、夜はどうでしょう？

相談者：夕方5時〜11時までの6時間で3回転！

安　田：では、お昼の客単価は？

相談者：800円。夜はビールなども出したいので1,500円。

安　田：では、メニューにビール追加ですね。お昼は18人、夜は45人ですから売上は計算できますよね。14,400円と67,500円、合計81,900円ですね…。（以下省略）

　数字の根拠などは、あとで構いません。今、重要なのは、夢や目標の姿を具体的にすることです。話をしながら進める方法もありますし、1人で考え

てもいいでしょう。ただ、相手がいると自分の思いもよらない質問をしてくる場合があります。そのとき、考えるべき項目が増えます。こうして話を詰めていくことも大切です。

次に、描いた絵を眺めて、ワクワクするかどうか確認してください。積極的な人は、スケールの大きな絵を描きます。控え目な人は、それなりの大きさの絵を描きます。どちらでも構いません。大切なのは、自分がワクワクするかどうかであって、他人の評価はこの段階では無視していいのです。なぜなら、やるのは自分ですし、責任をとるのも自分ですから。

ワクワクすることを確認したら、その絵の空いたスペースに自分にとっての「人生の成功」を書いてみてください。「金持ちになりたい」、「いい車に乗りたい」、「女性にもてたい」、「大会社の社長になりたい」などといった人間臭い目標は、大きな力を生む効果があります。こうした目標をあげるのは、元気な人が多いです。

② 語ると叶うの法則

「人生の成功」を書きこんだら、次にすべきは「語る」ことです。これは私の持論なのですが、語る回数が増えると、成功の確率は上がっていきます。私は単純に、"語ると叶うの法則"と呼んでいます。では、どうして成功の確率が上がるのでしょうか。語ることによって責任が生まれ奮い立つという効果もありますが、まわりの人たちに自分の夢を伝えると、応援してくれたり、気にかけてくれたりする人が出てきます。こうした人との関わりが増えることが、本当に大きいのです。応援してくれる人をまわりにあふれさせるために、まずは自分の夢をまわりに語ってください。

③ 3つの「や」

志と言えば「やりたいこと」を意味しますが、「やりたいこと」の前に「やれること」ばかりに頭がいって思考が限定されている人を多く見かけます。どちらも「や」から始まる言葉ですが、ここではもう1つ「やるべきこと」をあわせて、3つの「や」と呼びます。

夢や目標は、やはりワクワクできるかどうかが大切です。最初に考えるべ

き「や」は当然、「やりたいか」です。自分の人生を賭けるのですから、自分のやりたいことを考えていきましょう。

次は、「やれるか」です。深く考えずに、できない理由をまず探す人が多いのですが、少し角度を変えて考えてみてください。それは、実務者マインドについてです。先ほど、起業家マインド、管理者マインド、実務者マインドについて説明しました。創業者は、どうしても実務者マインドが前面に出てくる傾向があります。しかし、皆さんが夢を実現しようと考えた場合、すべてのことを自分でやる必要があるわけではありません。できる人を見つけて、一緒にやるという方法もあります。例えば、動物病院をやりたいのに免許を持っていないのなら、一緒にやってくれる獣医さんを見つけてくればいいのです。動物が好きで、とにかくすべての動物が元気でいてほしいという気持ちだけがナンバーワンであれば構いません。

3つ目の「やるべきか」ですが、これはほとんど皆さん大丈夫でしょう。その商売をやるべきかどうかの尺度は、とても単純です。以下の2つの条件が当てはまれば、「やるべき」と判断できます。

・少人数でも喜ぶ人がいる
・誰一人として泣かない

もっと簡単に言うと「誰かが喜んで、誰も泣かない」という条件です。それは、社会的に必要とされていることになります。もちろん、それでどうやって食べていくのか一生懸命考えなければなりません。

4 創業計画書で事業を具現化する

(1) 創業計画書とは何か

創業計画書とは、皆さんの頭の中にある、好きなこと、やりたいことを事業として行うために、その内容や方法を、文字や数字で表したものです。ポイントは文字や図式で表すことはもちろん、イラストなどを用いて表しても構いません。

（2）誰のために作成するのか

① 自分のため

まず1つ目は、「自分のため」です。計画とはこれから歩んでいく道を表したものですが、実際に歩みを進めると、ほとんどの場合、1歩目からずれていきます。そして、10歩も進めばはっきり、計画通りにいかないことを認識できます。実は、それがとても大切なのです。

計画との差異こそが問題であり、問題は頭をひねって課題に変えていきます。そうすれば、不安が危機感に変わって力になります。これは、第1節で説明した通りです。

② 関係者のため

2つ目は、「関係者のため」です。関係者とは、家族や社員、協力会社などです。こうした関係者に、創業計画書を見せながら説明してください。そして、内容が伝わったかどうかを確認してください。「理解してくれたか」、「納得してくれたか」が肝心です。

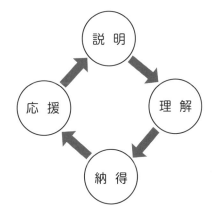

理解と納得は、意味が少し違います。「やりたいことはわかるよ。でもね…」が理解のレベル、「言っていることはもっともだ！」が納得のレベルです。納得のレベルまでいくと、「応援」が得られます。このサイクルを回すことで、応援の輪が広がっていきます。

（3）何のために作成するのか

① 融資申請のため

創業計画書は、金融機関から融資を受ける場合に必要です。創業に関しては、さまざまな融資制度があります。しかし、どの制度を活用する場合でも、計画書を見せてほしいと言われます。もちろん、見せて終わりではなく、説明しなければなりません。ここでも、その内容に納得してもらうこと

が大切になります。納得してもらえるような説明を心掛けましょう。

② 補助金申請のため

　創業にあたって、活用できる補助金があります。金融機関からの融資とともに、こうした補助金の申請にも創業計画書は必要です。補助金活用の注意点については、第7章で説明しています。

（4）創業計画書のブラッシュアップ

　創業計画書を完成させるためには、ブラッシュアップが必要です。ブラッシュアップとは、精度を上げていくという意味ですが、「創業計画書に試練を与える」、「創業計画書に旅をさせる」とも言えるでしょう。

　ブラッシュアップの過程で必要なのは、他人に見てもらうことです。他人とは、家族や友人、会社の同僚（創業することに理解を示してくれている人に限定しなければ、創業がバレてしまうので要注意）などです。多くの人に見てもらって、いろいろな意見を仰いでください。意見は肯定的なものも否定的なものも、まずは受け止めることです。最終的にその意見を受け入れるかどうかは、自分で判断すればいいのです。

　仮に、「こんな計画、絶対うまくいかない」という意見があったとします。内心腹立たしくても、まずは受け止めます。そして、どの部分がうまくいかないと思うのか尋ねてみるといいでしょう。そうすれば、指摘が具体的になっていきます。それぞれの指摘に対して納得できれば、計画の内容を見直せばいいのです。もし、「全部ダメ！」と言われたら、お礼を言って無視すればいいでしょう。最後に責任をとるのは自分ですから、自ら判断すればいいのです。

　私は創業計画書への意見を求められたとき、とにかく厳しめに、否定的に、ただし愛情たっぷりに問題点を指摘します。その指摘にすべて回答が用意されていれば問題ないわけです。「お前なんかに何がわかる。自分の計画だから思うようにやる！」と啖呵を切ってもらうことも大歓迎です。そうした人は逆に頼もしく感じ、応援したくなります。

　何でも意見を受け入れてしまう人の方が問題です。もう少し自分に自信を

持ってほしいと感じます。以前、「美容院を開業したいのですが、お店の名前は何がいいでしょう」と質問する人がいました。私は「ちょっと待ってください。あなたは、自分の子どもの名前を赤の他人につけさせますか」と逆に質問してしまいました。

　助言について、もう1つ注意点があります。それは、友人からの助言です。例えば、ホームページを作成するとき、「こんなホームページつくろうと思うんだけど、どうだろう」と尋ねると、友人が「こんな文字ばかりのホームページ、今どき流行らないよ。写真をたくさん使って、見た目もきれいなホームページにした方がいい」と助言をくれたとします。この意見は、正しい場合とそうでない場合があります。専門の作成会社に依頼すれば、見た目のよいホームページはできます。しかし、一番大切なのは、お客さんが知りたい情報が掲載されていることなのです。写真ばかり並べて説明がほとんどないホームページでは、効果も得られません。

　では、どうして友人はそんな意見を言うのでしょうか。それは、友人であって顧客ではないからです。そのため、人の意見は、その人がどの立場で言ってくれているのかを考え合わせながら聞くようにしてください。

　どんどん旅をさせて、さまざまな意見を吸収し、たくましい創業計画書にしてください。そして、自らが納得いく創業計画書になったら、それが本当の旅立ちのときなのです。

(5) 創業計画書の様式

　創業計画書の様式は、さまざまです。融資制度や補助金制度を活用する場合はあらかじめ決められていますが、それ以外では自由に作成して構いません。ただし、最低限盛り込むべき項目があります。それらについては、(6)で説明します。

　一番シンプルなのは、日本政策金融公庫が提示している様式です。以下のホームページからダウンロードできます。参考までに、章末に掲載しておきます。

　https://www.jfc.go.jp/n/service/dl_kokumin.html

※見つからない場合は、「日本政策公庫　創業計画書」で検索

　これは非常にコンパクトな様式で、Ａ３サイズ１枚に収まるようになっています。創業の動機、セールスポイント、資金計画や収支計画など、創業計画書に記載すべき最低限の項目が含まれています。最初から詳細な計画を練るのは難しいという場合は、こうしたシンプルな様式を使って全体像をつかむところから始めてください。

　記載する際、大切なことは２つあります。１つは「書くべきことが書かれていること」、もう１つは「想いが詰まっていること」です。字面はあまり気にする必要はありません。それよりも、書かれていることをどれだけ語れるか、相手を納得させることができるかに重きを置いてください。

（6）創業計画書に記載すべき内容

① 創業の理由・動機

　なぜ、その事業を始めたいと思ったのかを記載します。仮に、本音では金儲けのためだと思っていたとしても、その事業を通して喜ぶお客さんの顔をイメージしながら書いてください。お客さんに支持されなければ、事業を継続することはできません。金儲けの前段階として、お客さんへの思いを書いてください。

　もちろん、創業の理由・動機が金儲けではなく、社会に対する意義、目的を認識してスタートするのであれば、そこを説明するようにしてください。

② 経営者の略歴

　それまでの経験を記載します。もちろん、これから始めたい事業に関係ないことは書く必要はありません。例えば、パン屋を始めたいというなら、パン屋での勤務経験はすべて記載してください。社員でなく、パートタイムやアルバイトの経験でも構いません。少し関係が薄くても、飲食店関係の経験があれば記載しましょう。また、業界として関係がなくても、管理職経験や店長経験、さらには職務についても営業や経理など汎用的に経験が生きる内容であれば記載します。

③ 事業の内容

ここからが、創業計画書の核となります。事業の内容を詳細に説明し、経営戦略を明らかにします。具体的には、事業概要、ビジネスコンセプトの概要と詳細、必要な経営資源（ヒト・モノ・協力会社・情報）と調達の方法、資金計画や収支計画などの数値計画、行動計画や人員計画など数値以外の計画、さらには事業を成功させるための重要な成功の要因とその管理方法なども記載できるといいでしょう。

(7) 数値に関する留意点

創業計画書を作成するにあたって皆さんが苦労するのが、数値計画です。この数値計画の作成について、コツを１つお伝えします。

例えば、皆さんの事業で１ヵ月あたりのお客さんの数を考えていきます。難しく考えず、まず、１ヵ月のお客さんが１人だったらどうか考えてみます。もっとたくさんの人に来てもらいたいと感じるでしょう。では、１ヵ月で1,000人ではどうでしょうか。ちょっと多すぎて、業務が回らないと思うでしょうか。では、500人ではどうでしょう。

最初は、このように大ざっぱな感じで考えていきます。数字は正確さが大切と言われますが、最初の段階で必要なのは、正確さよりスピードです。正確な数値を算出するために１週間かけるより、勢いだけで10分で出す。完全な数値でなくても、物事を判断できる程度の数値が出せればいいのです。

例えば、生活費が月17万円欲しい。だったら12ヵ月でだいたい200万円、売上の20％が残るとしたら、年間売上は1,000万円必要になる。お客さん１人が1,000円使うとして年間で１万人、１ヵ月でだいたい800人…。これぐらいの計算からスタートしてください。そして、どうやって毎月800人のお客さんを確保するのかというところに早く目を向けてほしいのです。

創業資金の問題も同じです。保証金が100万円、内装工事は300万円、設備関係が100万円で、手元の営業資金に200万円ぐらい残したいと考えれば、合計700万円が必要になります。何とか1,000万円には収まりそうだと判断できる程度の正確さです。次の段階に進んだとき、正確さを上げていけばいいのです。

創 業 計 画 書

〔平成　　年　　月　　日作成〕

お名前 _____

1　創業の動機（創業されるのは、どのような目的、動機からですか。）

	公庫処理欄

2　経営者の略歴等

	年　月	内　容	公庫処理欄
経営者の略歴			
	過去の事業経験	□ 事業を経営していたことはない。 □ 事業を経営していたことがあり、現在もその事業を続けている。 □ 事業を経営していたことがあるが、既にその事業をやめている。 　（⇒やめた時期：　　　年　　　月）	
	取得資格	□ 特になし　　□ 有（　　　　　　　　　　　　　　　　　　　　　）	
	知的財産権等	□ 特になし　　□ 有（　　　　　　　　（□ 申請中　　□ 登録済　））	

3　取扱商品・サービス

取扱商品サービスの内容	①	（売上シェア　　　％）	公庫処理欄
	②	（売上シェア　　　％）	
	③	（売上シェア　　　％）	
セールスポイント			

4　取引先・取引関係等

	フリガナ 取引先名 （所在地等）	シェア	掛取引の割合	回収・支払の条件	公庫処理欄
販売先	（　　　　　　　）	％	％	日〆　　日回収	
	（　　　　　　　）	％	％	日〆　　日回収	
	ほか　　　　社	％	％	日〆　　日回収	
仕入先	（　　　　　　　）	％	％	日〆　　日支払	
	（　　　　　　　）	％	％	日〆　　日支払	
	ほか　　　　社	％	％	日〆　　日支払	
外注先	（　　　　　　　）	％	％	日〆　　日支払	
	ほか　　　　社	％	％	日〆　　日支払	
人件費の支払	日〆　　　　　日支払（ボーナスの支給月　　　月、　　　月）				

■ 第1章　創業するってどういうこと？ ■

☆　この書類は、ご面談にかかる時間を短縮するために利用させていただきます。
　　なお、本書類はお返しできませんので、あらかじめご了承ください。
☆　お手数ですが、可能な範囲でご記入いただき、借入申込書に添えてご提出ください。
☆　この書類に代えて、お客さまご自身が作成された計画書をご提出いただいても結構です。

5　従業員

常勤役員の人数 （法人の方のみ）	人	従 業 員 数 （ う ち 家 族 ）	人 （　　　　人）	パート・ アルバイト	人

6　お借入の状況（法人の場合、代表者の方のお借入れ（事業資金を除きます。））

お借入先名	お使いみち	お借入残高	年間返済額
	□住宅　□車　□教育　□カード　□その他	万円	万円
	□住宅　□車　□教育　□カード　□その他	万円	万円
	□住宅　□車　□教育　□カード　□その他	万円	万円

7　必要な資金と調達方法

必要な資金	金額	調達の方法	金額
設備資金　店舗、工場、機械、備品、車両など （内訳）	万円	自己資金	万円
		親、兄弟、知人、友人等からの借入 （内訳・返済方法）	万円
		日本政策金融公庫　国民生活事業 からの借入	万円
		他の金融機関等からの借入 （内訳・返済方法）	万円
運転資金　商品仕入、経費支払資金など （内訳）	万円		
合　計	万円	合　計	万円

8　事業の見通し（月平均）

	創業当初	軌道に乗った後 （　　年　　月頃）	売上高、売上原価（仕入高）、経費を計算された根拠をご記入ください。
売　上　高　①	万円	万円	
売上原価　② （仕入高）	万円	万円	
経費　人件費（注）	万円	万円	
家　　賃	万円	万円	
支払利息	万円	万円	
そ の 他	万円	万円	
合　計　③	万円	万円	
利益　①－②－③	万円	万円	（注）個人営業の場合、事業主分は含めません。

ほかに参考となる資料がございましたら、計画書に添えてご提出ください。

（日本政策金融公庫　国民生活事業）

第2章 経営戦略と事業コンセプト

　創業の核となるのが、経営戦略と事業コンセプトです。この2つが揺らいでいては、創業は成功しません。第2章ではまず、経営戦略を考える際に重要な「強み」と「機会」について解説します。続いて、これも経営戦略を考えるうえで欠かせない3C分析という手法を紹介します。そして最後に、事業コンセプトの構築法を伝授していきます。

1 強みと機会を活かした経営戦略

　例えば、山があって目標地点に旗が立っていたとします。皆さんは、これから仲間とともに目標に向かって出発しようとしています。
　戦略とは、この目標に到達する作戦のことをいいます。仲間の1人は、「車があるから車で行こう」と言います。もちろん、これも1つの作戦ですが、もしヘリコプターがあれば、空からあっという間に到着できるかもしれません。そこで、ヘリコプターで行く作戦を検討していると、仲間の1人が「確かにヘリコプターはありますけど、目標地点にヘリポートはあるのでしょうか」と言い出しました。
　もし、ヘリポートがなければ着陸できません。そのため、ヘリポートがあるかどうか調べなければなりません。そして、残念ながらヘリポートがなかった場合、車で行く作戦に戻ります。しかし、また仲間の1人が「最近の豪雨のせいで、道路が通行止めになっているかもしれません」と言い出します。これも、調べてみないとわかりません。調べた結果、道路は通行可能で、しかもオフシーズンのため交通量も少ないとわかれば、車で行く作戦に決定します。
　今の話の中では、検討したことが2つあります。1つは「何があるか」で

す。これは、「強み」のことです。もう1つは、「まわりはどうなっているか」です。これを外部環境といいます。そして、「オフシーズンだから交通量が少ない」といった目標に対していい影響を与えるものを「機会」といいます。この「強み」と「機会」をよく調査し検討すれば、作戦、すなわち「経営戦略」が決まってくるのです。

(1) 強みと弱みとは

このように、目標を達成するために有効に活用できるものが強みであり、その逆に、達成のために克服すべきものが弱みです。目標達成に関与しないものは、強み・弱みではありません。

強みになるか弱みになるか、あるいは関係ないかは、業種によって異なります。例えば、人見知りで口下手な人がコンサルタントやセミナー講師として創業しようと考えたとします。コンサルタントは、人の話を聞いて助言する仕事です。また、セミナー講師は、大勢の人の前で話す仕事です。この場合、「人見知り」、「口下手」は克服すべき事柄ですので「弱み」と言えます。しかし、この人が工芸品のクリエイターとして創業するとしたらどうでしょうか。もちろん、最低限のコミュニケーション能力は必要ですが、克服すべき弱みというほどではありません。

強み、弱みを分析する際、どうしても弱みを多くあげてしまいがちですが、弱みを克服するには大きな時間と労力を必要としますので、何か別のものでカバーできないか考え、強みを伸ばす方向に力を注いだ方が得策です。創業計画書でも、皆さんの強みを大きくアピールしてください。

(2) 何が強みになるのか

① 品質（Quality）

「あなた（の会社）の強みは何ですか」と質問すると、回答で一番多いのが「品質」です。飲食店であれば「味」、店舗では「雰囲気」、他に「腕のいい職人」といった回答が多く出てきます。

品質、味、雰囲気、腕のいい職人…残念ながらどれも抽象的で特徴のない答えばかりです。ものづくり系の人は皆「品質」と答えるのですが、「どん

な品質ですか」と聞いても、答えは返ってきません。「味」、「雰囲気」もそうです。「どんな味ですか」、「どのような雰囲気ですか」と尋ねると、曖昧な回答しか返ってこないのです。

ここで、皆さんにクイズです。ペットボトルのお茶の品質とは何でしょうか。ただのお茶ではなく、ペットボトルに入ったお茶です。1分ほど考えてみてください。

まずは、「ボトルの中のお茶の味」でしょう。次からが本題です。皆さんが湯のみに入ったお茶ではなく、ペットボトルのお茶を買う理由は何でしょうか。持ち運びに便利だからでしょう。これも、品質の1つです。携帯性や使用性という品質なのです。他には、「ラベルがかわいい」、「キャップが開けやすい」、「ひっくり返しても漏れない」、「落としても割れない」といったことがあげられます。それぞれ、デザイン性、使用性、密閉性、耐久性と呼ばれます。そして、もう1つ大事なことを忘れています。湯のみのお茶と違って、ペットボトルのお茶は、未開封なら1年後でも飲めるのです。これは、賞味期限、耐用年数という品質です。これ以外にも、品質に分類されるものがたくさんあります。

「うちは、品質にこだわっているんです」

「うちは、品質、特に使用性、使いやすさにこだわっているんです」

この2つの言葉、どちらが伝わりやすいか、答えは明確です。強みや弱みを考えるには、大きなくくりではなく、詳細に検討していく必要があります。

次ページの表は、品質をはじめさまざまな強みを分類してまとめたものです。品質以外に、コスト、納期・スピード、サービス、環境が強みに該当します。それぞれの英語の頭文字をとって、QCDSEです。私は、よくこの5文字を唱えています。皆さんも、ぜひ覚えてください。

② 価格（Cost：コスト）

コストは、提供する側から考えれば価格となります。ただ、価格と言っても、安く売ることが強みになるわけではありません。安く売れば、それだけ利益が減ります。価格に強みがある、すなわち価格競争力が強いということ

分類	例
品質 Quality	デザイン、機能性、効率性（資源、時間）、保守性、障害許容性、回復性、運用性、安定性　など
価格 Cost	購買能力、生産能力、改善能力　など
納期・スピード Delivery	生産能力、協力会社、5S、ワンデーレスポンス　など
サービス Service	無料点検、運用メンテナンス、維持管理、ポイントシステム　など
環境 Environment	環境負荷低減、産廃リサイクル、環境保全　など

は、利益を減らさずに値引きできることを意味します。

　例えば、15円のものを12円にしてと言われたときに、返事がすぐできるはずはありません。とりあえず返事を保留し、会社に戻って仕入担当に相談します。そこで喧々諤々、さまざまな交渉、検討を繰り返し、例えば「1回あたり10,000個のロットで買っていただけるなら、13円まで下げられます」と回答する。これが、価格競争力です。こうしたことができるのであれば、価格が強みだと言えるでしょう。

③ 納期・スピード（Delivery）

　3つ目は、「納期とスピード」です。納期が早いこと、言い方を変えると調達時間が短いことは、強みになります。スピードがお金になることは、電車の特急料金や郵便の速達料金を考えてみれば明らかです。

　皆さんが検討している事業には、納期が重視されるものとそうでないものがあると思いますが、すべての業種で共通して考えてほしいのが、「ワンデーレスポンス」です。これは文字通り、「その日のうちに返事しましょう」ということです。

　例えば、お客さんから見積作成の依頼がきたとします。しかし、見積書をつくるのに1週間程度かかりそうな場合、どうやってその日のうちに返事をするのでしょうか。答えは簡単です。「ご依頼ありがとうございます。1週

間程度、お時間をいただけますでしょうか」と返事するだけです。とにかく、その日のうちに何らかの回答をすることで、フットワークのいい会社だという印象を与えることができます。なかなか大変なことですが、ぜひチャレンジして、スピードを強みにしてください。

④ サービス（Service）

次は、「サービス」です。これは無料プレゼントのことではなく、商品やサービスに付属したサービスと捉えてください。無料点検やメンテナンスサービス、ポイントカードシステムなどがあります。

サービスを強みにしたければ、顧客のニーズに合わせて提供することが重要です。例えば、高級割烹料理店にポイントカードは不向きです。ポイントによる割引や特典を望んでいない顧客に「ポイントカードはお持ちですか」と質問してしまうと、せっかくの雰囲気が台無しになってしまいます。

⑤ 環境（Environment）

最後は、「環境」です。地球環境に配慮したエコ活動、エコ商品の提供ですが、こうした活動に高い価値を見出すのは大手企業が中心です。皆さんの事業が、大手企業にも提供できる商品・サービスを扱うのであれば、検討する必要があります。ISO14000やエコアクション21の取得なども、強みになるでしょう。

最近はハード的な環境だけではなく、発展途上国支援におけるフェアトレードなど、ソフト面で環境に配慮する仕組みもあります。

（3）機会と脅威（外部環境分析）

強み・弱みの次は、機会と脅威です。自分のまわりで起こっていること（外部環境）のうち、目標達成に影響を及ぼすものです。追い風であれば機会、向かい風であれば脅威となります。

外部環境といっても、「株価が下がった」、「外国人観光客が増えた」、「近くの大型スーパーが撤退した」、「少子高齢化が進んでいる」、「仕入代が上がってきた」などなど、範囲が広く検討すべきことが多すぎますので、効率的に検討を進めるために、機会と脅威になりうるものを、ミクロ環境とマク

ロ環境に分けてまとめました。
① ミクロ環境
　まず、自社が属する業界の動向です。競合他社の動きや新規参入の動向、原材料の調達や価格の動向などです。それ以外にも、顧客や市場、仕入先や外注先の動向にも目を向けてください。こうした項目は比較的身近なところにあることから、「ミクロ環境」と言います。

a．**自社が属する業界の動向**：国内競合他社、海外競合他社、新規参入、原材料事情、代理店や小売店などの商流、代替品の存在、業界間の競合、業界の構造、業界全体の収益性、価格動向、業界の市場成長性
b．**顧客や市場の動向**：販売先・得意先の動向、得意先の参入動向、市場規模、生活様式、購買スタイル
c．**仕入先や外注先の動向**：供給者や仕入先の動向、仕入先の参入動向

② マクロ環境
　その次が、「マクロ環境」です。ミクロ環境より検討すべき範囲が広がります。

a．**行政や法制度**：法令や税制、国家財政、地域財政、国際税制、国内税制、日米関係、日中韓関係、公共投資、規制緩和、許認可、労働政策、環境政策
b．**環境**：エネルギー問題、資源問題、地球温暖化、省資源、産業廃棄物、製品再資源化、リサイクル等３Ｒ
c．**社会**：年齢別人口、地域別人口、出生率、高齢化、都市集中、過疎問題、外国人労働者
d．**インフラ**：土地、住宅、インフラ整備、道路・鉄道・航空
e．**経済**：経済・金融政策、産業構造の変化、労働市場、女性・高齢者労働力、為替、物価、地域経済、技術革新、マルチメディア、インターネット、消費者ニーズ
f．**業界**：製造業、流通業、建設業、金融業、農業、林業、水産業、情報サービス

こんなふうに並べられると、全部把握するのは無理だと感じてしまいますが、事業にはすべて何らかの関係があるため、無視することはできません。

「c．社会」にある人口などは、すべての業種に大きく関係します。少子高齢化というキーワードは多くの業種でネガティブな意味で使われますが、福祉介護系のビジネスの場合は、追い風になります。

では、子ども向けのサービスではどうでしょうか。例えば、塾です。今の時代、少子化で子どもは少なくなっています。つまり、逆風が吹いています。しかし、ここで発想を変えてみます。子どもの数が減ったことで、1人当たりの教育にかける予算が増えているのです。ここに目をつけた塾は、個別指導スタイルを採用しました。昔の塾より授業料は高くなっていますが、1人当たりの教育費が増えているため、多くの家庭は子どもを個別指導スタイルの塾に通わせるのです。

これはまた、最近の日本の家庭の教育ニーズをよく満たしています。家庭の教育ニーズは、「うちの子どもの成績を上げる」ではなく、「うちの子どもだけ成績を上げる」ですから、個別のカリキュラムによる指導がうけるわけです。このように、ピンチをチャンスに変えることも可能です。

このマクロ環境のなかで気になる項目を、頭の片隅にとどめておいてください。興味を持つと、見えてくることがあります。例えば、気になる項目として、「少子高齢化」をチェックしたとします。その瞬間から、関係する情報が集まり始めます。それは、脳の中に「少子高齢化」という言葉がインプットされたからです。新聞を読んでいても、雑誌やニュースを見ていても、少子高齢化に関する情報に気がつくようになるのです。

2 3C分析

(1) 3C分析とは

前節では、強みや弱み、そして外部環境について説明しました。ここでは外部環境の分析と少し似ていますが、3C分析について説明します。3C分

析とは、顧客（Customer）、競合（Competitor）、自社（Company）の3つのCをリサーチし、経営戦略立案に活かす手法です。

(2) 顧客（Customer）
① 顧客満足とは

3C分析で一番重視すべきなのは、顧客の分析です。「顧客満足」という言葉をよく目にしますが、私は常々、疑問に思っています。

例えば、コンビニエンスストアであんパンを買ったとします。味も値段もそこそこ。でも、私は満足しています。あるいは、ある食堂にはワンコイン定食というランチメニューがあって、注文すると、ご飯と味噌汁に、焼き魚と小鉢がついてきます。ボリュームも味もまあまあ。それを食べて空腹を満たし、500円払って店を出る。これが、満足のレベルです。

しかし、皆さんはこのレベルでとどまっていてはいけません。目指すべきものは、もっと上にあるのです。満足の先にある、感動や感激をお客さんに与えてください。

不満 ＞ 満足 ＞ 感動 ＞ 感激 ＞

「感動」とは、感情が動くこと、気持ちが動くことです。感動してもらうために必要なことは、提供する商品やサービスがお客さんの予想を超えることです。予想を超えなければ、満足止まりです。何かがお客さんの想定を超えていく必要があります。定食で言えば、量、味のどちらでも構いません。接客で勝負することもできます。

そして、感動の先には、「感激」があります。お客さんの予想を大きく超え、お客さんの心を激しく揺さぶる商品やサービス、おもてなしを提供していきましょう。

② 未知顧客から優良顧客へ

未知顧客とは、いまだ見知らぬお客さんです。そこからチラシなどの宣伝活動を通して見込み客となります。そして、優れた商品・サービスと気持ち

のよい接客等で、お客さん、すなわち顧客になってもらい、さまざまなサービスを繰り返し提供して、何度も来ていただける優良顧客になってもらうという流れになります。

```
未知顧客 > 見込み客 > 顧 客 > 優良顧客
```

皆さんは当然、何度も来てくれる優良顧客（リピーター）を増やしていきたいと考えているでしょう。未知顧客から顧客になってもらうまでの流れをAIDMAストーリーと言いますが、これについては、あとで詳細に説明します。そして、顧客から優良顧客になってもらうために、リピート開拓、リピート営業を実行していくのです。飲食店や衣料品店、雑貨店は、会員制度やポイントカードシステムなどで工夫をしています。歯科医院では、患者カルテをもとに、数ヵ月に一度定期歯科検診のお知らせをハガキで送ることでリピート開拓をしています。

③ 顧客セグメンテーション

顧客セグメンテーションは、お客さんのターゲットを絞るために重要な考え方です。創業した当初はどうしても売上を確保するために、どんなお客さんでも来てほしいと思ってしまいますが、それではターゲットが絞れず、特徴のない商品や接客、店づくりになってしまいます。お客さんのターゲットを絞ることで、顧客のニーズがつかみやすくなり、ニーズに応える商品・サービスの提案も可能になります。

まず、お客さんを次のような要素で分類するところから始めます。
・個人：地域、年齢、性別、職業、関心、家族構成、趣味、共感・価値観、悩み・不安、目標、ライフスタイル、ライフステージ
・企業：地域、業種、業態、規模、平均年齢、資産状況、収支状況、経営者、経営課題、目標、業歴

例えば、美容室で創業する場合、お客さんは企業ではなく個人です。こうした個人向けの事業を、B to C（Business To Consumer）と呼びます。た

だ、個人のなかにも、いろいろなお客さんが存在します。居住や勤務先（地域）、年齢層や性別、職業など、さまざまな属性が考えられます。

　美容室と理容店を例にとって、顧客セグメンテーションの検討方法を説明します。例えば、性別と価格志向の属性を考えたとします。下の図を見てください。性別は男性、女性、価格志向は高級志向、低価格志向（図では単に「高い」、「安い」と表記）に分けられます。この２つの軸で、４つのグループに分かれるわけです。美容室の業界全体を考えると、さまざまな事業形態がありますが、図の中にグループとして記載しました。

　男性向け低価格グループは、繁華街や駅中に見かける「10分1,000円」といったスピード理容店が考えられます。一般的な理容店は、低価格を追求していませんが、ターゲットは男性です。美容室は、女性を中心に男性も来店してもらえるよう配慮しています。

　このようにチェックしていくと、空いているスペースがあることに気がつきます。女性向けの低価格美容室です。このスタイルの美容室もここ数年出てきていますが、苦戦しているようです。ただし、女性の価値観もさまざまですので、ターゲットを定めてサービス内容、広告宣伝の方法などを工夫していけば、改善する余地があるでしょう。

　これまでＢ to Ｃの場合について説明してきましたが、この顧客セグメン

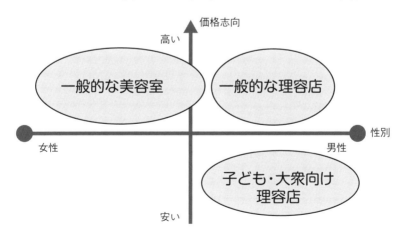

テーションは、企業に対しても有効です。例えば、ホームページ作成業や税理士、社会保険労務士といった士業の場合、お客さんは企業が中心となります。この事業形態を、B to B（Business To Business）と言います。

例えば、ホームページを作成する事業なら、「どんな業種でも大歓迎」と言いたいところですが、「製造業向け、受注拡大のためのホームページ作成が得意です」とした方がターゲットが明確になり、そのターゲット内のお客さんからの支持が得られやすくなります。

私もコンサルタントとして独立したとき、「どなたでもご相談ください」という戦略はとりませんでした。なぜなら、同じ相談をするなら、経験豊富なコンサルタントに依頼するだろうと考えたからです。私は会社員時代、建設会社向けのシステムを開発していたこともあり、得意分野は建設業とITでした。そこで、「建設業大好きコンサルタント」というキャッチフレーズを名刺など営業ツールすべてに記してターゲットを絞り込みました。そんなに絞ったら、他の業界のお客さんが来ないのではないかと思われるかもしれませんが、絞り込んだターゲットにしっかりとした商品・サービスを提供していけば、お客さんの方からターゲットを広げてくれるようになります。

ターゲットを絞ることは、強みを伸ばすことにも有効です。ターゲットを絞ってそこでの一番を目指す方が、少ない経営資源でスタートする多くの創業者にとって有利です。そして、競争力を身につけてからターゲットを広げていくのです。

顧客セグメンテーションの最後に、個人・企業の垣根を超えることについて説明します。先ほど、美容室や理容店を例にして、個人顧客のセグメンテーションを検討しましたが、美容室や理容店が企業と契約することの可能性を考えてみます。

例えば、老人ホームなどの高齢者向け施設や病院などへ出張することも考えられます。定期的に訪問カットに行くという契約を、病院や施設に提案できるわけです。社員証を見せたら料金を何％かオフにするといったサービスを、企業に提案することも可能でしょう。

(3) 競合 (Competitor)
① 目的と手段から競合を考える

「家族の幸せ請負人」である工務店の競合には、同業他社以外に旅行代理店やレストランなどの飲食店も含まれることはすでに説明しました。同じように、喫茶店の競合にはコンビニエンスストアや書店も含まれます。それは、時間をつぶすという目的から考えれば理解できると思います。競合分析の際に大切なのは、同業他社だけでなく、顧客の目的に照らし広い範囲で考えることです。

② 競合との比較分析

競合との比較分析をする際は、下のような比較表を使うと便利です。ここでは、比較検討すべき項目があらかじめ入れてありますが、皆さんの事業に合わせて項目は変更してください。

	自　社	同業他社 (　　　)	目的に照らした競合 (　　　)
ターゲット顧客			
商品・サービスの特徴			
Q：品質			
C：コスト			
D：納期・スピード			
S：付帯サービス			
E：環境			
価格			
ブランド力			
販売方法・チャネル			
広告宣伝			
経営資源			
強みや弱み			
資金力			
売上規模			

比較する際には、個別的な企業名や店舗名をあげた方が、検討が具体的となります。抽象的、一般的な比較で終わらないように注意してください。比較表のすべての項目に記入する必要はありません。比較すべき項目だけ記入してください。

（4）自社（Company）

① USP（Unique Selling Proposition）とは

3C分析の最後は、自社についての分析です。ここでは、自らを分析する際に重要なUSPと呼ばれる考え方を紹介します。USPとは、「競争優位を生み出す強力なメッセージ」、言い方をかえると「なぜ、あなたから買わないといけないのか」という問いに対する答えでもあります。「○○なので、ぜひうちからご購入ください」の○○に当たる内容がUSPとなります。

② USPの3要素

USPを考える際の重要なポイントは、以下の3つです。

・USPは独自のものであること（差別化要因が明確であること）
・USPは顧客にとって有益であること
・USPは強力であること

差別化要因については、第1節で説明したQCDSEを思い出してください。2つ目の「顧客にとって有益」は、次のように考えてください。

BtoCの場合、その商品・サービスの利用者が直接のお客さんですから、お客さんの満足、感動、感激を実現させることを考えればいいでしょう。

BtoBの場合、2つ大切な考え方があります。1つは、その企業にとってのお客さん、つまり、お客さんのお客さんを喜ばせること、もう1つは、目の前の担当者を喜ばせることです。事業はモノやサービスを提供して対価を得る形で成立しますが、そこには必ず人が関わっていることを忘れてはいけません。

例えば、皆さんが自分の商品を企業の1人の担当者に提案したとします。多分、その担当者は、自社に戻って自分の上司に皆さんの商品のことを説明しなければなりません。皆さんにかわって、商品を上司に提案してくれるわ

けです。そこで、この担当者がうまく上司に提案できるように、ツールを整備しましょう。その担当者が上司から、よい商品を見つけてきたと褒められるように力を注ぐのです。

そして、最後は「強力であること」です。他社にも似たようなものがあると思われないように、強みをしっかり活かした競争力のある商品・サービスを提供できるようにしてください。

3 事業コンセプトを考える

(1) 事業コンセプトとは

事業コンセプトとは、事業全体を貫く基本的な概念であり、事業を進めるうえで、とても重要になります。事業コンセプトには、次の2通りの表現の仕方があります。

```
         事業コンセプトの形
1.「      」に「      」を「      」すること
   で利益を得る
2.「      」が「      」を得ることで「      」
   を得る
```

例えば、ネットショップで北欧雑貨を販売する事業を考えてみると、事業コンセプトは、「雑貨好きの人たちに、北欧雑貨を提供することで利益を得る」になります。確かにシンプルに事業を説明できているのですが、何だか面白味がありませんし、ワクワクしてきません。そこで、2つ目の形を考えます。1つ目は主語が「私」ですが、2つ目は「お客さん」なので、顧客の視点に立った表現と言えます。そのため、お客さんにどうなってほしいか、あるいはお客さんの目的は何かを考えなければなりません。雑貨が大好きな人たちに北欧雑貨を提供して、部屋を彩ってもらい、素敵な暮らしの一助に

なりたいと考えるなら、事業コンセプトは以下のようになります。

「雑貨好きの人たちが、私の提供する北欧雑貨を購入することで、素敵な部屋で快適に暮らして笑顔でいっぱいになる」

これが、本当の事業コンセプトです。お客さんの笑顔が見えてくる事業コンセプトを考えてください。

そして、このような事業コンセプトができれば、雑貨を提供することを中心に、接客や関係するサービスなども、お客さんの笑顔のために工夫していこうという指針になります。事業コンセプトは、すべての活動の指針になるものなのです。素敵な事業コンセプトを立ててください。

(2) ４W３Hの視点

事業コンセプトを検討するにあたっては、次の４W３Hの視点で検討するといいでしょう。

① What（何を）

これは、商品・サービスのことなのでわかりやすいでしょう。しかし、一歩先に進んで考えていただきたいことがあります。それは、サービス業以外を始める人にも、自分にサービスが売れないかという視点が必要であることです。

花火販売業を例にとって考えてみましょう。最近は、コンビニエンスストアでも販売されていて競合も多いのですが、花火の需要は年々減っています。一番の理由は、花火ができる場所が減っていることでしょう。では、そうした不満に対して、花火を売る側が何かサービスを提供できないでしょうか。すぐに思いつくのは、花火可能マップを提供することでしょう。

ただ、これは無料サービスの範囲内です。もっと積極的にサービスを提案できないか考えてみます。例えば、花火を使って誰かを驚かせたい、喜ばせたい、あるいは花火を見ながらプロポーズしたいと思っている人に対して、花火をプロデュースするサービスです。事前に打ち上げる場所、時間、内容などを打ち合わせ、当日は準備をし、花火の職人を現地に派遣するのです。単なる花火販売ではなく、花火コンサルタントによる花火プログラムの提供

という新たなサービスができあがります。

この例のように、どんな業種でもサービス業になれる可能性があります。自分の場合はどうだろうかと考えてみてください。

② Who（誰に）

顧客セグメンテーションのところで説明しましたので、そちらを参照してください。

③ Where（どこで）

飲食業や小売業では、立地が大切と言われます。これはある意味正解ですが、立地がすべてではありません。例えば、皆さんが宴会の幹事に任命されたとします。インターネットでいい店はないか検索し、出てきた候補の中で、場所、予算、料理の内容、酒の品揃えなどを検討していきます。条件に合えば予約を入れ、ホームページから地図を印刷して終了です。

この例にある「場所」とはエリアのことで、大きな道路に面しているか、人通りが多いかといった立地のことではありません。地図さえあれば、立地が悪くてもお客さんは集まるのです。立地の悪さを、インターネットがカバーしてくれる例の1つです。インターネット以外でも、フリーペーパーやチラシなどで補うことが可能です。

また、立地のよい場所は、家賃（テナント料）も高くなります。美容師の憧れ青山通りは、人通りも多く立地は抜群です。しかし、競争も激しく、多くの美容室がオープンしては閉店しています。立地がよければ成功するわけではありません。

それと同じことが、ネットショップにも言えます。楽天市場は集客に力を入れていますので、ここに出店することは、青山に美容室を出すようなものです。でも皆さん、楽天市場で「カニ」と検索してみてください。検索結果は、30万件以上あります。その中で競争することになるのです。

ネットショップの話が出ましたので、ここでもう1つ大切なことをお伝えします。ネットショップだけで事業を始めることの是非についてです。実店舗を持つことのデメリットは単純で、家賃や人件費、その他経費など、とに

かくコストがかかることです。内装工事や設備購入などの初期投資も大きくなります。逆にメリットと言えば、お客さんとの接点が豊富であることです。そこで接客の経験を積むことは、ネットショップに大きな効果を表します。ネットショップで大事なのは、接客だからです。

　ネットショップで接客とは、どういうことなのかと思われそうですが、例えばスーツをどこかの実店舗に買いにいく場面を想像してください。店に入ってあるスーツを試着していれば、必ず店員が声をかけてきます。「スーツをお探しですか。よくお似合いですよ」といった感じでしょう。この「よくお似合いですよ」は、その店員が主観から発した言葉です。接客では、この主観情報が大切なのです。

　主観情報の反対が客観情報です。客観情報とは、価格、サイズ、色、材質など、カタログに書かれている情報のことで、個人の感想ではなく、誰が説明しても同じものです。ほとんどのネットショップは、そうしたカタログ情報の掲載にとどまっていますが、カタログだけでは売れないことを知らなければなりません。ネットショップであっても、主観的な言葉で接客するべきなのです。

　客観情報はカタログで見られますが、主観情報は何に掲載されているでしょうか。それは、チラシです。チラシに掲載されている「店長のイチオシ」や「お客さんの声」といった情報を、ネットショップでも掲載するべきなのです。それぞれ、店長の主観、お客さんの主観による情報です。主観情報を集めるうえで、実店舗での経験がとても生きてくるのです。

④　When（いつ）

　これには、2つの意味があります。1つは、営業時間です。こちらは店舗を構えることを想定しています。もちろん、理想は24時間365日です。24時間はともかく、365日営業を目指すのであれば、早い段階で店長候補を育てなければなりません。定休日を検討する際には、忙しい曜日とそうでない曜日を分析します。また、理容業は月曜日、不動産業は水曜日が慣習的に定休日となっていますが、その曜日にあえて営業することで差別化を図ることも

可能です。飲食店については、深夜に酒を出す場合、警察署への届出が必要になるので注意してください。

　もう1つは、創業時期についてです。繁忙期、閑散期の季節変動がある場合は、繁忙期の少し前に照準を合わせて準備を進めるといいでしょう。繁忙期前の落ち着いた時期にスタートしてオペレーションに慣れておき、繁忙期に備えるのです。繁忙期に向けてお客さんから予約が入る業種の場合（例えば、居酒屋の忘年会シーズン、旅館・ゲストハウスの夏休みシーズン）については、その時期より前に始めていると繁忙期の予約も獲得でき、スタートダッシュが見込めます。

⑤　How（どうやって）

　これにも、2つの意味があります。1つは、売る方法についてです。販売チャネルという言い方もされますが、実店舗やネット販売など、販売窓口になる媒体のことです。ネットショップ、実店舗、通信販売、カタログショップなど、いろいろな方法があります。

　もう1つは、商品・サービスの調達方法です。自ら生産する場合と仕入によって調達する場合があります。仕入れる場合も、商品を直接買い付けに出かける方法と、商社などから仕入れる方法があります。どちらかに絞ってもいいですし、両立でも構いません。ある商品は自ら買い付けにいき、別の商品は商社などから仕入れるという使い分けも有効です。

⑥　How many（どれぐらい）

　同じ業種でも、事業コンセプトや形態によって、商品やサービスの販売数は変わってきます。薄利多売システムであれば、とにかく多く売ることを考えますが、高い付加価値を提供するスタイルであれば、数を追い求めない方が適切です。

　例えば、落ち着いた雰囲気で、ゆっくりと食事を楽しんでいただくスタイルの料理店に行ったとき、店員に、「うちは、90分の時間制です」と言われたら興ざめです。そうした店舗の場合は、回転数や販売数量を多めに設定しなくてもすむように単価を上げる必要があります。お客さんに納得してもら

えるように、商品・サービスには高い付加価値が必要になってきます。

どれぐらいの数量を販売するかは、単価との相談になります。それが売上高につながりますので、売上計画とリンクさせながら検討する必要があります。

⑦ How much（いくらの元手）

事業を開始するのにいくら必要かという資金計画の話となります。詳しくは、事業計画のところで解説します。

(3) アイデア発想法

これまで説明してきたように、事業コンセプトはさまざまな切り口から検討しなければなりません。しかし、いつもと同じ方法でアイデアを練るだけでは限界があります。そこでここでは、新しいアイデアを発想するヒントを紹介します。

① 足してみる

最初は、「足してみる」です。自分と何かを組み合わせてみます。組み合わせる何かは、まず自分の好きなものや趣味と関係するものがいいでしょう。

例えば、私の好きなものは鉛筆です。その中でも一番気に入っているのが、ドイツ・ステッドラー社が出している蛍光タイプのものです。これと私の業務であるコンサルティングを組み合わせて新しいコンサルツールを開発し、蛍光鉛筆とセットで販売できないかと密かに考えています。

② 掛け合わせてみる

足し算の次は、「掛け算」です。掛けるのは「何か」ではなく、「誰か」です。自分と誰かを掛け合わせるという発想です。友人や知人の持っているアイデアを組み合わせて発想するのです。

例えば、あなたが居酒屋を始めたいと考えていて、すでに社会保険労務士として独立開業している友人がいたとします。社会保険労務士は、労務関係の専門家であり、働きやすい職場づくりのエキスパートでもあります。そこで、この友人の力を借り、「専門家が考えた、職場を明るくする忘年会プラン」を打ち出してみるのはどうでしょうか。

③ 削ってみる

　足すとは逆に、何かを「削ってみる」という発想法です。居酒屋の例で言えば、調理の工程を削った缶詰バーなどがあげられます。

④ 他に目を向ける

　海外や他の業界などに目を向けるという発想法です。まず、海外については、自分の業種が海外ではどういうスタイルになっているか調べてみるのです。例えば、皆さんは居酒屋を英語でどう言うかご存知ですか。バーやパブも英語表現として使われますが、「イザカヤ」で通じます。それは、海外に日本の居酒屋スタイルが受け入れられていることを表します。カラオケも同じです。日本流を海外に輸出すること、あるいは海外のスタイルを日本に取り入れることを考えてみてください。

　また、他の業界にも目を向けてください。広告や宣伝の方法、仕入や生産の方法など、異なる業界で採用されているよい方法を取り入れることができないか検討してください。

⑤ 「不」に目を向ける

　「不の払拭」と呼ばれる方法です。ある意味、どんな事業もこの「不」を解消するためにあると考えることができます。不便、不満、不安、不信、悩み、わからない、無駄、非効率、問題視、できない、替わってもらいたい…あなたの事業で、お客さんのこうした気持ちを払拭できないか考えます。

⑥ 好きなこと、趣味

　好きなことや趣味と関連づけてできることはないか検討します。前述した私と蛍光鉛筆の例も、その1つです。好きなことや趣味だけでは事業が成り立たないことが多いのですが、関係させるだけなら実現の可能性はグンと上がります。

⑦ 人へのサポート

　事業のアイデアを考える際には、人のさまざまな欲求をサポートする視点も有効です。特に、「健康でいたい」、「成長したい」、「キレイでいたい」は、絶えることのない欲求です。そのため、関連市場もどんどん大きくなってい

ます。ざっと思い浮かべただけでも、ダイエット、サプリメント、ジム、英会話、資格取得、エステ、化粧品、美容法などがあります。こうした欲求に応えることができないか検討してみます。

例えばカフェなら、ネイルサロンの講師を招待してネイル講座を開いてみるのもいいでしょう。昔、「英語でしゃべらナイト」という番組がありました。英会話学校がこうした名称などを応用して、あまり忙しくない夜の時間の集客アイデアを練ってみるのも楽しいと思います。

⑧ **未来をよむ**

身近な未来と遠い未来の両方を予想します。おおまかに、5年後、10年後、100年後です。

例えば、今は自動車の自動運転技術がどんどん進歩しています。それでも、5年後、10年後には、運転手が寝ていても目的地に到着するまでにはならないでしょう。ハンドルを離し、リラックスした状態で自動車が安全運転しているかどうか確認し続けるのは、結構辛いのではないでしょうか。そこで、その辛さを改善させる商品やサービスを考えてみるのです。しかし、100年後には、寝ていても目的地に到着する時代がくるでしょう。そうなれば、移動中の時間、車に乗って時間をつぶすことを考えなければなりません。このようにして、商品やサービスのアイデアを検討してみるのです。

(4) 何でも書いてみる

アイデアの発想で重要なのは、書くことです。実現不可能と思うようなアイデアでも、まずは書くことです。書くことで、新たなアイデアが生まれることがありますし、書いておけば、あとで修正することもできます。しかし、「どうせできないだろう」と書くこともしなければ、そこで止まってしまうのです。

第3章 マーケティングで売れる仕組みをつくる

　事業を始めて売上をあげるためにはマーケティングが必要ですが、ほとんどの人がマーケティングを正確に理解していません。マーケティングは４Ｐと呼ばれる４つの要素をうまく組み合わせることで、効果を発揮します。第３章では、マーケティングをあらためて定義したうえで、４Ｐのそれぞれについて、詳しく説明していきます。

1 マーケティングのポイント

(1) マーケティングとは

　創業を目指す人の中で、「マーケティング」という言葉を聞いたことがない人はいないでしょう。では、似た言葉に「営業」というのがありますが、どう違うのでしょうか。

　営業はカタログを片手にお客さんを訪問し、商品の説明や宣伝文句を語りながら、見積書などで価格を提示し契約を得る活動のことを言います。その際、営業マン個々の能力や勘だけに頼らず売るために、ルールや仕組みを考えることが重要となります。そのルールや仕組みをつくることを、マーケティングと言います。マーケティングは、経営戦略の1つに位置づけられます。

(2) AIDMA ストーリー

　前章の3C分析についての解説の中で、未知顧客が見込み客、顧客、優良顧客になっていく流れを説明しました。そのうち、優良顧客を除いた未知顧客から顧客までの展開を考える際に有効なのが、AIDMAストーリーと呼ばれるものです。AIDMAの5文字は英語の頭文字で、それぞれ、「注意をひく（Attention）」、「興味をひく（Interest）」、「望んでもらう（Desire）」、「覚えてもらう（Memory）」、「行動してもらう（Action）」となっています。

AIDMA ストーリー
A：注意をひく
I：興味をひく
D：望んでもらう
M：覚えてもらう
A：行動してもらう

　この流れを、居酒屋のチラシを例に紹介します。マーケティング、すなわち売上をあげる仕組みを考える際に、チラシの配布を思い浮かべる人も多いと思います。それでは皆さん、チラシ配りを思い立ったとき、最初に考えることは何でしょうか。きっと、白紙を用意して、どのようなチラシにしたらいいか考え始めると思います。この作業はもちろん大切なのですが、その前に考えるべきことがたくさんあるのです。

■ 第3章　マーケティングで売れる仕組みをつくる ■

　皆さん、実際に駅前で誰かがチラシ配りをしているところを見たことがあるでしょう。通行人の多くは、チラシを受け取ってくれません。チラシの中身も見てもらえないわけですから、チラシの中身を考える前に、受け取ってもらうことが先決だと感じていただけるでしょう。

　仮に、皆さんが居酒屋の店長で、チラシ配りをしようと考えているとします。チラシにはお客さんに来てもらえそうなことが書いてあるのですが、駅前の人たちは気がついてくれないし、手にも取ってくれません。そこでまず、チラシを配っていることに気づいてもらうことが重要になります。そのために、何をしたらいいでしょうか。答えは簡単、目立てばいいのです。手段としては、着ぐるみを着る、大声を出す。すぐに思いつくのは、この2つでしょう。これが、「注意をひく（Attention）」です。

　ただ、着ぐるみを着て大声を出しているだけで、チラシを受け取ってもらえるわけではありません。興味を持ってもらう必要があるのです。ポイントは、大声で何を言うかです。相手が興味を持ち、思わず振り向いてしまう文句を考えます。例えば、「このチラシ持参で、ビール3杯無料です」などと言えば、ビール好きな人、居酒屋を探している人などが「1杯無料なら聞いたことあるけど、3杯も無料なの？」と振り向くわけです。これが、「興味をひく（Interest）」です。ビールが嫌いな人、居酒屋を探していない人には見向きもされませんが、そうした人たちにチラシを渡せたとしてもごみ箱に直行してしまうだけです。効果絶大の文句を大きな声で言うことは、お客さんになる可能性のある人とない人を選別する効果もあるのです。振り向いた人にだけ、チラシを配ればいいのです。

　ここまでで、AIDMAの最初の2つが完了です。しかし、まだ話はチラシの中身まで行っていません。チラシを受け取った人は、興味があるので中身を見ます。ここで、行きたいと思ってもらわないといけません。冷えたビールや枝豆、から揚げなどおいしそうな写真を並べ、活気がありそうな感じのチラシで引きつけます。これが、「望んでもらう（Desire）」です。

　では、次の「覚えてもらう（Memory）」とは何でしょうか。それは、チ

ラシを朝や昼に配っている場面を想定してもらえるとわかります。この店に行きたいと思った人は、とりあえずチラシをカバンの中にしまいます。しかし、実際に居酒屋に向かう夜までは時間があるために忘れてしまい、帰宅してからカバンの中のチラシを発見し、ここに行くつもりだったと思うわけです。これでは、意味がありません。そのために、「覚えてもらう」ことが重要になります。多くの居酒屋が活用している仕組みは、次のようなものです。

チラシに「今すぐ空メールを送信！」といった空メールの送信を促す文言を入れておくのです。それはまさに、覚えてもらうための仕組みです。朝に配るのであれば「朝10時まで」、お昼であれば「午後2時まで」とタイムリミットを付けて、「空メールを送れば、から揚げクーポンを進呈！」とチラシに記載しておきます。メールの送り先ももちろん記載しておきますが、そこで活用してほしいのがQRコードです。QRコードは、携帯電話などのカメラで読み取ると文字が表れることから、メールアドレスやホームページアドレスを埋め込むために使われます。QRコードを無料で作成できるサービスがたくさんありますので、インターネットで検索してみてください。

さてここで、空メールが届いてもあわててクーポンを返信してはいけません。そもそも、この空メール作戦は覚えてもらうためのものですから、返信するのは夕方5時ぐらいで構いません。お客さんを待たせることが気にかかるなら、一端返信しておいて、「夕方ごろクーポンを送信いたします」と説明しましょう。

夕方、クーポンの送信が完了したら、あとはお客さんが来る（お客さんに「行動してもらう（Action）」）ことを願って営業開始です。チラシやクーポンを見せるお客さんの数が、この作戦の成果です。未知顧客から、見込み客、顧客に変化した瞬間です。しっかりおもてなししてリピートにつなげ、優良顧客になってもらいましょう。

このAIDMAストーリーは、売上や来客数についての創業者の漠然とした不安を期待や自信に変える効果を持ちます。今回はダメでも次回に期待できるよう、このようなストーリーをたくさん考えてください。

(3) AISAS ストーリー

　AIDMA ストーリーとともに、もう１つマーケティングの仕組みを考えるために有効なのが、AISAS ストーリーと呼ばれるものです。異なるのは、３番目と５番目で、それぞれ「検索してもらう（Search）」と「共有してもらう（Share）」となっています。

AISAS ストーリー
A：注意をひく
I：興味をひく
S：検索してもらう
A：行動してもらう
S：共有してもらう

　「検索してもらう（Search）」は、興味のある商品やサービスを見つけたとき、インターネットの検索機能を使ってさらに情報を集めてもらうことです。これに対応するために、ホームページやブログなどで情報を発信することが重要になってきます。

　「共有してもらう（Share）」は、利用者が商品やサービスについての感想をSNSに掲載し、友人と情報を共有してもらうことです。写真を撮って共有してもらうための工夫を施すと、口コミ効果が期待できます。SNSの活用については、第10章で説明します。

(4) 徹底的な顧客志向

① 目的と手段

　マーケティングを考える際に大切なポイントの１つは、顧客志向に徹することです。そのためには、すでに説明した「目的」と「手段」の違いを認識することが大切です。

② 顧客の本当の目的は何か

　お客さんの目的を考える際、表面的な目的、建前の目的に惑わされないように注意しましょう。例えば、喫茶店に来るお客さんの目的はコーヒーを飲むことと考えがちですが、「時間をつぶす」、「新聞を読む」、「友人と話をする」といった目的もあるでしょう。

③ 顕在目的と潜在目的

　顕在目的とは、表に出ている目的です。それに対し、潜在目的とは、表に出ていないためお客さん自身も気がついていない目的のことです。潜在目的

を発見するには、こちらからアプローチするしかありません。喫茶店なら、まかないの料理をおいしそうな匂いのするものにしてみます。匂いを店に充満させると、何人かのお客さんが「そういえば、お腹が減ったな」と感じるでしょう。「そういえば」ということは、お客さん自身も気がついていないわけです。そこにアプローチすることで、コーヒーと食事のセットメニューを頼むお客さんが出てきます。

　私の商売であるコンサルティング業でも、お客さんの潜在目的はさまざまです。顕在目的は、「売上を増やしたい」といったものがほとんどですが、「なぜですか」と質問していくと、いろいろなことに気がついてもらえます。潜在目的が、あぶり出されてくるのです。最終的には、「儲けも大事だが、社員が働きやすい会社にしたい」といった結論に至ることが多いものです。その潜在目的にアプローチするには、売上をあげる方策を考えるだけでなく、働きやすい職場にするために職場環境、特にコミュニケーションの部分にも焦点をあてて改善する必要性が出てきます。

　「匂いで誘う」、「質問してみる」など、方法はさまざまですが、どちらにも共通する点は、お客さんに提案していることです。潜在目的を予測しながら、どんどん提案していきましょう。

(5) 役割の認識

　お客さんにはそれぞれ役割があって、それを認識することが重要となります。その役割とは、利用者、決定者、スポンサーの3つです。これらは、同一人物の場合もあります。わかりやすい例として、塾と介護施設を取り上げて説明します。

① 利用者

　文字通り、商品やサービスの利用者のことです。塾の場合は子ども、介護施設ではお年寄りの方々となります。

② 決定者

　決定者とは、どの商品を購入するか、どのサービスを利用するかを決定する人です。塾の場合、多くが母親でしょう。では、介護施設の場合はどうで

しょうか。利用者であるお年寄りは、利用した感想を述べることはあっても決定するのは違う人でしょう。それでは、介護を行っている息子・娘夫婦でしょうか。それも違います。多くの場合、介護プランを練っているケアマネージャーが決定者になります。

③　スポンサー

スポンサーは、お金を払ってくれる人です。塾の場合、父親か母親でしょう。介護施設の場合は、利用者自身か息子・娘夫婦であることが多いようです。

それでは、この3つの役割のうち、マーケティング上、一番重要な人はどれでしょうか。それは、利用者ではなく決定者です。塾に通う子どもに喜んでもらおうとお菓子やジュースを配るばかりでなく、決定者である母親のニーズを満たすことが重要になります。

皆さんが始める事業では、決定者が誰で、そのニーズは何かを考えてください。

2　マーケティングの4P

マーケティング戦略の考え方の1つに、「マーケティングの4P」と呼ばれるものがあります。商品（Product）、価格（Price）、流通（Place）、広告宣伝（Promotion）の頭文字を取ったものです。第2章で紹介した3Cと並ぶ有名な経営分析の手法ですが、両方の手法を使うことで検討が深まります。

4Pの中で最も大切なのは、商品（Product）です。商品がいまひとつでも、広告宣伝などに力を入れれば、1回は売れるかもしれません。しかし、それでは2回目につながらず、永続的な発展はできません。では、商品（Product）の次に大切なのは何でしょうか。事業によって多少差はありますが、流通（Place）と広告宣伝（Promotion）です。最後が、価格（Price）となります。価格ももちろん重要ではあるのですが、それよりも流通や広告宣伝に力を向けた方が得策です。

とにかく、まずは商品（Product）です。商品の競争力を上げてください。

3 商品（Product）

（1）サービスを売れないか

では、一番大切な商品のことから説明していきます。ただし、最初は商品そのものより、商品を通じてサービスを売ることを検討してください。違う言い方をすると、自分の商品を使って、お客さんに何か提案ができないかを考えるのです。この「提案」という言葉に着目すると、重要なポイントが見えてきます。お客さんの困りごとに対して解決策を出すことが「提案」ですから、提案をするためにはお客さんの困りごとを知らなければなりません。

1つ、事例を紹介します。私は行政書士として建設業の許認可申請の代行業務を行っていますが、そうしたお客さんの困りごとは、「申請書を書くのが難しい」ということではなく、「時間がない」という場合が大半です。ここで、「申請書はこちらで作成しますから、納税証明書などの添付書類はそちらで用意してください」とやっていては、「時間がない」という困りごとを解決していません。「もしお時間がなければ、納税証明書も取得しておきますよ」と言ってこそ、お客さんへの提案になるわけです。

（2）本当に売りたいものは何か

皆さん、テレビやラジオ、雑誌などでサプリメントの「1週間お試しセット」という言葉を目や耳にしたことがあるでしょう。これももちろん商品の1つなのですが、本当に売りたい商品ではないことに気がついていると思います。無料お試しセットとあわせ、本当に売りたい商品のパンフレットが同封されてきます。このように、少しずつ本当に売りたい商品にアプローチしていくやり方があります。

① 無料オファー

無料オファーとは、無料でサンプルを提供し、商品を評価してもらうことです。無料サンプルと言えば、CMなどで見かける化粧品の「無料お試しセット」が連想されますが、化粧品だけでなく、サプリメントや健康食品な

ど、さまざまなものが無料オファーされています。お試し期間は3日、1週間などいろいろですが、大切なのはその期間、その量で効果が得られるかどうかです。使い切るまでに効果を感じてもらう必要があります。効果が実感できるような、バランスのとれた無料サンプルの提供を検討してみましょう。

② フロントエンド商品

　フロントエンド商品とは、価格を低く抑えてお手軽感を出した商品のことです。高級レストランをイメージすれば、わかりやすいでしょう。レストランのオーナーはディナーコースを売り込みたいと考えているわけですが、お客さん側としては、ディナーはちょっと高いと感じてしまいます。そこでオーナーは、廉価なランチを提供して、自店の味やサービス、雰囲気を知ってもらおうと考えるわけです。これが、フロントエンド商品です。

　あるレストランでは、さらに一歩踏み込んだ工夫をしました。仮に廉価なランチでお客さんに満足してもらえたとしても、高価なディナーは、特別な日にしか利用してもらえそうにありません。特別な日とは、誕生日や結婚記念日などです。オーナー側もそうした情報がほしいと考えていますが、ランチを楽しんでいるお客さんに誕生日を聞くのも、ストレートすぎます。そこで、自然な形で情報が得られる方法として考えついたのがアンケートです。

　「このアンケートにご記入いただいた方には、デザートをサービスします」とうたい、アンケートの質問にも工夫しました。独身の人に結婚記念日を質問しても仕方がありませんし、嫌な思いをさせてしまうかもしれません。そこで、「1年のうち、あなたの大好きな記念日ベスト3を教えてください」という質問にしたのです。お客さんは、誰かの誕生日やクリスマス、バレンタインデー、何かの記念日など、いろいろと書いてくれました。そうした情報をもとにメールやDMで案内を送り、さらにアンケートを集計して記念日ランキングを作成し、店の中で発表しました。お客さんにもおもしろいと評価してもらい、アンケートをリピート開拓だけでなく満足度の向上にもつなげられた事例となりました。

③　バックエンド商品

　バックエンド商品が、本当に売りたい商品です。無料オファーやフロントエンド商品を活用して、お客さんにバックエンド商品を購入してもらえる仕組みをつくりましょう。これをストーリーと捉えれば、AIDMAの考え方も応用できます。

(3) セルとグレード

　セルとは、同じ商品やサービスを、グレードに分けたりセットにしたりして提案しようというものです。

①　アップセルとダウンセル

　アップセルとダウンセルとは、それぞれ上級品と下級品を意味します。高級、標準、節約のそれぞれの嗜好に合わせて商品を提案し、幅広いニーズに対応します。

②　クロスセルとパッケージセル

　クロスセルとは、関連商品のことです。パッケージセルとは、メイン商品をクロスセルとセットにして販売することです。例えば、「ほろよいセット」として、おつまみとビールをセットで販売する方法などがあります。

③　竹を売るための松竹梅提案

　皆さんが始めようとする事業で、メイン商品以外にアップセル、ダウンセルがある場合、松竹梅提案を実施してください。それは、竹であるメイン商品を売るための常套手段です。日本人には、松は贅沢だが梅では少し物足りないと感じる人が多いようです。また、見栄もあって、一番安いものは選びにくいものです。最初からは無理な場合でも、事業を続けるなかでメイン商品の上位、下位のものを開発すれば、松竹梅提案が可能になります。

4　広告宣伝（Promotion）

　広告宣伝とは、未知顧客から見込み客へお客さんの状態を1段階上げるために、お客さんに自らの商品やサービスについて知ってもらうことです。こ

こでは、集客法を中心に考えていきます。

(1) リアル集客

リアル集客とは、実際に誰かと接して集客する手法です。次のようなやり方があります。

① 紹介

誰かの紹介で人と会い、集客につなげる方法です。そういう場面はいつ訪れるかわかりませんので、常に準備が必要です。最低限必要なものは、名刺（あるいは、ショップカード）です。名刺には、熱い気持ちを盛り込んでほしいと思います。気持ちの込め方はさまざまですが、その名刺をもとに5分や10分は語れるぐらいのものをつくってください。

② 異業種交流会・セミナーへの参加

異業種交流会や各種セミナーなど、多くの人と出会える場に自ら出向いていきましょう。しかし、そうした場で名刺交換を行っただけでは、なかなか人脈は広がりません。前述したように、人脈形成には「相手の力になりたい」という気持ちが大切です。出会いを大切にして、少しずつ親交を深めてください。

その他、飛び込み営業、チラシの手配りなども、リアル集客の手法と言えます。

(2) 媒体・イベントによる集客

リアル集客と並んで、媒体やイベントを利用した集客も検討しましょう。

① エリア集客（新聞折り込み、フリーペーパー）

対象をある地域に限定した集客法です。媒体を使う場合の費用は、新聞の折り込みがだいたい1枚3円ぐらいです。新聞の発行部数は地域によってさまざまですから、新聞の販売店、あるいはインターネットで調べてみるといいでしょう。フリーペーパーは金額もさまざまですが、紙面の16分の1が一番小さな広告サイズであることが多く、この場合の価格は5万円から6万円ぐらいです。

こうした広告はいきなり長期間掲載の契約をするのではなく、短めの契約

を繰り返しながら改善していく方法をおすすめします。

② **全国型集客（新聞・雑誌広告、展示会、業界紙）**

　全国を対象とした集客法です。新聞や雑誌に広告を入れるのは少し敷居が高いと感じるなら、展示会への出展をおすすめします。例えば、雑貨関係なら、東京インターナショナル・ギフト・ショーです。規模も大きく、来場者の数も申し分ありません。出展料は1コマ40万円程度、その他の経費も必要で出費がかさみますので、周到な準備をして取り組んでください。

　また、こうした展示会は自治体でも出展料の補助をしてくれる場合があります。必ず申し込み前に自治体の商工関係の部課に問い合わせてください。

(3) リスト集客

　リスト集客とは、お客さんとなる可能性のある見込み客に、ダイレクトメール（DM）やファックスを送るやり方です。

　肝心なのは、そうした見込み客のリストをどうやって手に入れるかです。電話帳やインターネットのホームページから直接入手することも可能ですし、リスト販売業者から購入することも考えられます。業界団体のホームページから入手することも可能です。

　ダイレクトメールにするかファックスにするかの判断については、B to Cでは、お客さんがファックスを持っていない場合もあるため、ダイレクトメールが中心になります。また、ダイレクトメールは見られずにごみ箱行きになってしまう可能性も高いのですが、ファックスなら一度は確認してもらえるので、反応率が高くなる傾向にあります。送付コストがハガキや封書より安くなるメリットもあります。

　ファックスで情報を発信する際に便利なのが、ファックスソフトと呼ばれるツールです。私が活用しているのは、「まいとーく FAX（http://www.intercom.co.jp/mytalkfax/）」です。あらかじめ準備しておいた送信先リストに順番に送信してくれる優れものです。

(4) オンライン集客

　オンライン集客とは、オンライン、すなわちホームページなどを中心とし

たインターネットを活用した集客法です。

① 広告（PPC、メルマガ広告、イメージ（ディスプレイ）広告）

　インターネットの広告は簡単に申し込みができ、表示されるまでの時間も非常に短いため、うまく活用すれば早く効果が得られます。

　広告のメインになるのは、PPC広告です。PPCとは、Pay Per Clickの略で、クリックされるたびに課金される広告のことを言います。例えば、検索エンジンで「大阪　マンション」と入力して検索してみると、小さな字で「広告」と付記された項目が最初に並びます。これは、キーワード連動型広告と呼ばれるものです。Googleなら「Google Adwords（https://www.google.co.jp/adwords/）」、Yahoo!なら「Yahoo!プロモーション広告（http://promotionalads.yahoo.co.jp/）」から申し込めば利用可能です。

　検索エンジンではなく、メールマガジンに広告を掲載することも可能です。誰かが発行しているメールマガジンに、自らの商品のPRを掲載するのです。メールマガジンの内容と商品に関連が強ければ、効果が期待できます。メールマガジンの発行部数では日本最大規模を誇る「まぐまぐ（https://www.mag2.co.jp/service/advertising/）」でも、広告掲載が可能となっています。

　他にも、イメージ広告またはディスプレイ広告と呼ばれるものがあります。例えば、Weblio翻訳（http://translate.weblio.jp/）という英語の翻訳サービスのホームページには、上と右に必ず画像形式の広告が表示されます。これが単純なバナー広告と違うのは、その人の閲覧歴に照らし、最適と思われる広告が表示される点です。旅行プランを練るために旅行会社のホームページを訪れたあとは、訪問先のホテルを提案する広告が表示されたりします。タイムリーで、しかも画像形式なのでインパクトが強く効果的です。この画像を使った広告を、Google Adwordsではイメージ広告、Yahoo!プロモーション広告ではディスプレイ広告と呼んでいます。

② 情報発信（ホームページ、ブログ、SNS、メルマガ配信）

　次は、インターネットを使った情報発信についてです。具体的には、ホー

ムページ、ブログ、FacebookなどのSNS、メールマガジンの配信などです。第10章で、詳しく説明します。

　SNSならFacebookが一番有効と言われていますが、必ずしもそうではありません。なぜなら、Facebookを活用しているユーザー層には偏りがあるからです。経営者層、学生層が多いと言われています。そうした層をターゲットとした商品であれば、ある程度効果は期待できます。しかし、ユーザー層とターゲットが異なる場合は、効果が期待できません。主婦層であればLine、学生にはTwitterも活用されていると言われています。ユーザー層とターゲットが一致するSNSを活用することが大切です。

③　ポータルサイト登録（士業、工務店等）

　最後は、ポータルサイトへの登録です。業界に特化した紹介サイトが数多く存在します。例えば、税理士や弁護士などの士業が検索できるサムライウェブ（http://www.samurai-web.net/）やリフォーム会社の紹介サイトであるホームプロ（https://www.homepro.jp）などです。こうした業界ポータルに登録して、顧客獲得を図るのです。登録料や紹介実績に応じた手数料がかかる場合もあります。

　こうしたサイトに登録する際には、情報更新を頻繁に行うことが大切です。登録していれば、自動的に顧客が紹介されるわけではありません。紹介者を得るための努力を怠らないようにしてください。

5　流通（Place）

（1）販売チャネル

　流通（Place）とは、販売や活動の拠点をどこに置くかということです。お客さんに対して店舗やネットショップなどで販売活動を行う場合、その店舗やネットショップのことを販売チャネルといいます。販売チャネルを増やすと、それだけお客さんに露出を広げることが可能ですが、その分、維持費（家賃などの出店料や人件費等）が必要になります。効果的な販売チャネ

を見定めて、限られた資源を集中させることも必要です。

ネットショップを販売チャネルの1つとして検討している人も多いと思います。それぞれの違いや活用のポイントについては、第10章で説明します。

(2) オフィス

事業を始めるに際し、オフィスを確保する必要がある場合、自宅にするかどこかに借りるかで悩んでいる人も多いと思います。

ここでは、その違いについて説明します。まずは、下の表をご覧ください。オフィスの形態ごとにメリットとデメリットを記載しました。

オフィスの形態	メリット	デメリット
自宅	・初期コストがかからない ・別途賃料は不要	・自宅住所が知られる ・賃貸の場合、使用許諾書が必要 ・集中、時間の切り分けが難しい ・許認可の問題 ・来客時の問題
レンタルオフィス (共有スペースタイプ)	・初期コストを抑制できる ・備品がすべてある ・立地が好条件 ・住所等のプライバシーが守られる	・雇用保険、社会保険に加入できない場合もある ・銀行口座開設の問題 ・融資審査に不利 ・許認可の問題
レンタルオフィス (専用個室タイプ)	・初期コストを抑制できる ・備品がすべてある ・立地が好条件	・家賃が割高 ・社員等増員時のコスト ・用途制限
賃貸オフィス	・来客、許認可問題なし	・初期コスト、賃料が発生する ・備品の確保が必要
インキュベーションオフィス	・初期コストを抑制できる ・備品がすべてある ・賃料が割安 ・経営相談が可能	・立地や設備、募集時期、室数、用途等に制約がある ・利用期間の制限
バーチャルオフィス	・初期コストを抑制できる ・賃料が割安 ・住所等のプライバシーが守られる	・雇用保険、社会保険に加入できない場合もある ・銀行口座開設の問題 ・融資審査に不利 ・許認可の問題

① **自宅**

　自宅をオフィスにして、経費を節約しようと考えている人は多いでしょう。自宅をオフィスにすることのメリットは、初期費用がかからないことです。別途賃料を必要としません。賃貸マンションの場合、家賃の何分の1かを事業の経費にすることができます。例えば、4つある部屋のうち1つを事業用とする場合、家賃の4分の1を経費にできます。ただし、通常、賃貸マンションは居住用としての契約になっていますので、事業用に使うためには、貸主から使用許諾書を得る必要があります。

　マイホームの場合でも、法人で開業する場合なら、代表者から法人に事業用の部屋として貸し出す形態にすれば、経費にすることが可能となります。その際には、賃貸契約を交わしておいた方がいいでしょう。契約書の例を次ページに掲載しますので、参照してください。

　家賃以外にも、電気代や通信費、水道光熱費など、プライベートと事業用と一定の割合に応じて分け、経費に算入することが可能です。

　このように、自宅をオフィスにすれば、初期投資を抑え、プライベートの費用の一部を経費化することができます。ただし、デメリットもあります。それは、ホームページやカタログ、会社案内などに住所を記載すると、自宅の住所が明らかになってしまうことです。電話番号も同じです。

　特に女性の場合、その部分が心配になるでしょう。電話については、別回線を設ければ回避できます。公開する情報を町名までにとどめるという手もありますが、お客さん側から見ると、不自然さが残ります。その場合は、後述するバーチャルオフィスの活用も検討してください。

　もう1つ、まったく違った切り口からのデメリットは、仕事とプライベートの切り分けが難しいことです。自宅と職場が同じだと、どうしてもダラダラと仕事をしてしまいがちですので、自分でどうメリハリをつけるか考えておいてください。

② **レンタルオフィス**

　一般的なレンタルオフィスは、大部屋に机と椅子だけが並んでいるような

建物賃貸借契約書

第1条　賃貸人　　　　　（以下、「甲」という。）は、賃借人　　　　　（以下、「乙」という。）に対し、別紙記載の建物（以下、「本件建物」という。）を賃貸し、乙はこれを賃借する。

第2条　乙は本件建物を　　　　　としてのみ使用し、その他の目的には一切使用してはならない。

第3条　賃貸借期間は　　　年　　月　　日より　　　年　　月　　日までの満　ヵ年とする。ただし、期間満了の6ヵ月前までに、本契約当事者のいずれかから書面による解約の通知がなされないときは、本契約は期間満了からさらに1ヵ年自動的に延長されるものとし、以後も同様とする。

第4条　賃料は月額金　　　　円とし、乙は、毎月末日までにその翌月分を甲の指定する銀行口座に振り込み、または現金にて直接手渡すものとする。ただし、1ヵ月に満たない月の賃料は、日割計算とする。

第5条　甲および乙は、誠実にこの契約各条項を履行するものとし、この契約に定めのない事項の生じたとき、およびこの契約各事項の解釈について疑義を生じたときは、甲乙相互に誠意をもって協議解決するものとする。

　以上、本契約成立の証として、本書を2通作成し、甲乙は記名捺印のうえ、それぞれ1通を保管する。

　　　　　　年　　月　　日

（甲）　住所
　　　　氏名　　　　　　　　　　　　　　　　　　　　　　　印

（乙）　住所
　　　　氏名　　　　　　　　　　　　　　　　　　　　　　　印

形式です。コピー機などのオフィス機器、会議室やトイレなどは共同で使用します。メリットとして大きいのは、借主を集めるために結構いい場所に立地しているケースが多いことです。東京23区内や大阪市内などには、多くのレンタルオフィスがあります。そうした場所に住所があると、お客さんの信頼が得られやすいという理由だけで活用している人もいます。ただ、レンタ

ルオフィスによっては、本社としての登記ができない、保険に入れない、銀行口座が開設できない、許認可が取得できないといった場合がありますので、事前に確認が必要です。

　レンタルオフィスには、個室タイプのものもあります。賃料は少し高く、通常の賃貸契約で事務所を借りる場合とほぼ同じとなりますが、事務機器などを共有で使えるので、初期投資を抑えることができます。

　他の形態で注目してほしいものは、インキュベーションオフィスです。創業間近、あるいは創業直後の人向けに準備されたオフィスで、最大のメリットは経営相談などが受けられることです。インキュベーションオフィスには、インキュベーションマネジャーが常駐していることが多く、経営について気軽に相談ができます。家賃が安いこともあって空室がない場合も多く、ある程度の期間が経つと退室しなければならない場合もあります。

③　バーチャルオフィス

　バーチャルオフィスは仮想上のオフィスなので、そこに出勤して仕事をすることはできません。形式上のオフィスと考えてください。自宅と併用すると便利です。賃料も割安で、住所等のプライバシーも守れます。郵便物が届けば、転送してくれます。電話については、転送タイプとオペレーターが対応してくれるタイプがあります。オペレーターがいる場合、「現在、○○は不在にしておりますので、こちらから折り返し連絡させていただきます」と対応した後、借主に「××さんから連絡がありました」と連絡がくる手順になっています。東京や大阪に住所や電話番号が欲しい人が利用している場合も多いようです。

(3)　店舗の立地

　事務所の次は、店舗の立地について説明します。当然ながら、立地は重要です。出店にあたって、人通りや周辺の店舗のことなど、調査すべきことは多岐にわたります。しかし、立地がよければそれだけで集客につながるわけではありません。提供する商品・サービスの品質や接客などの技術、付加サービスなど、総合的にみてお客さんのニーズを満たしているか、競争力が

■第3章　マーケティングで売れる仕組みをつくる■

あるかどうかが大切となります。

　候補となる店舗を見つけたら、時間をかけて調査してください。特に、人通りについては注意が必要です。創業前の段階では、お勤めの人も多いでしょうが、休日や終業後だけでなく、平日の朝や昼などの調査も実施してください。会社を休むか、誰かに協力してもらいましょう。平日と休日、朝昼晩の組み合わせで、必ず人通りの調査を行ってください。

　さらに言えば、天気や季節別にも調査したいところです。水はけが悪く、店舗の真ん前に水たまりができてしまうような場合もあります。雨のときに一度、チェックしておきましょう。

　ただし、こうした調査にあまり時間をかけると、せっかくの空き店舗が他に決まってしまう場合もありますので、時間の許す限りがんばってください。

　同じ建物でも、2階や3階のような場合、家賃は割安になる場合が多いですが、集客力は落ちてしまいます。ただし、会員制や完全予約制など、通行人がぶらりと入ってくることを期待しない場合は、必ずしも1階で通りに面している必要はありません。また、通りに面していない不利な点を、フリーペーパーやインターネットでカバーすることも可能です。多少わかりにくい場所にあっても、お客さんは地図やスマートフォン片手に来てくれます。立地が悪ければ、知恵を絞ってカバーしていきましょう。

(4) オフィスにまつわる数字

　店舗やオフィスを考える際に参考になる数字を、いくつか紹介します。

　まず、広さについての数字から紹介します。オフィスの場合、1人当たり3坪程度の広さが必要です（1坪は約3.3㎡）。また、飲食店の場合、1坪で概ね2人分の客席がつくれると言われています。

　次に、賃料の目安です。一般的に、売上の3日分以内が適当と言われています。高すぎると、売上に対する家賃の負担が大きくなってきますので、注意してください。

　内装工事にかかる費用については、平均的には1坪30万円から50万円と言われています。もちろん、工事のグレード、店舗がもともと何業を営んでい

たかなどで条件は変化します。

6 価格 (Price)

4Pの最後は、価格（Price）です。まずは、価格をどうやって決めるかについて説明します。

(1) 価格の決定

価格をどう決めるかは、本当に難しい問題です。一般的なやり方としては、コスト積み上げ型、競合比較型、顧客価値提供型の3つがあります。

① コスト積み上げ型

コスト積み上げ型とは、商品やサービスに直接かかるコストを計算し、必要な利益を上乗せして価格を決める方法です。コストは、材料費だけでなく、生産するために必要な労務費や経費（外注費含む）も含めて考えます。例えば、ある喫茶店で、1杯のコーヒーをつくるのに次のようなコストがかかっていたとします。

・材料費：40円（コーヒー豆30円、砂糖・クリーム等10円）
・労務費：75円（時給900円の人が5分で提供）
・経　費：11円（材料費、労務費の合計の1割で計算）
・合　計：126円

そして、一般的に飲食店の原価率は30％程度と言われています。これを前提にすれば、価格は、

126円 ÷ 0.3 = 420円

となります。これが、コスト積み上げ型で得られた価格です。同じ喫茶店でも、ファストフード店とホテル内のカフェとでは事情が変わりますので、これはあくまで一例と考えてください。

ただし、こうした計算式だけで提供価格を決定することには問題があります。店舗の雰囲気や提供したいサービスなどを総合して、提供価格を考えたい場合もあるはずです。これは、価格を考える際の客観的な基準にすぎませ

んので、計算結果が独り歩きしないように注意してください。

　また、創業を考えている人の中には、自分はまだ駆け出しだから、安めの設定でスタートしようとする人がいます。特に、サービス業に多いように感じます。しかし、お客さんは、オープンしたてだからと言って、レベルの低いサービスで満足してくれるわけではありません。自信がなくて価格を下げるぐらいなら、まだ創業する時期ではないと考えてください。胸を張って一人前の料金をいただき、背中に冷や汗をかきながらがんばるからこそ、人は成長するのです。

　価格を低くすることには、もう１つ、デメリットがあります。それは、いったん価格を低く設定すると、あとになって上げるのは難しいということです。

② 　競合比較型

　同業他社やライバル店など、競合の提供価格を調査して、価格を設定するやり方です。市場調査は大切なので、価格調査はどんどんやってください。競合より安くすることだけを考えず、競合より高く売る工夫ができないかも、一度は考えてみてください。

③ 　顧客価値提供型

　お客さんが感じる価値に見合う価格に設定しようというものです。これは、一番難しい価格設定の方法です。なぜなら、お客さんの感じる価値は、お客さんの主観に左右されるからです。これに対して、価格という数字は客観的なものですから、主観と客観をつなぎ合わせるという難しい問題に直面します。

　この方法で価格設定する際には、さまざまな店舗などで提供されているオプションサービスについて考えてみることです。一番身近な例で言えば、郵便の速達や電車の特急料金です。この２つが売っているのはスピードであり、早く到着するという価値に対して、値段を設定しています。しかも、オンリーワンのサービスであるため、価格競争にさらされず、価格を維持しています。ここから、スピードはお金になることがわかります。

スピード以外にも、たくさんのオプションサービスが考えられます。グレード別に松竹梅提案をするメリットはすでに説明しましたが、それも顧客価値を価格にする1つの方法です。

(2) 心理的価格

お客さんの心理に働きかけて価格を設定する方法もあります。ここでは、6つほど紹介していきます。

① 名声価格

価格に後光がさしているイメージで、威光価格とも言われます。高いことに意味があるケースです。マグロの初競りや百貨店がイベント的に出品する豪華なジュエリーの価格などが例としてあげられます。名前の通り、名声を得るためにつけられた価格です。初競りを落とした人は、注目をあびる権利をあわせて購入していると考えられます。

もう少し身近な例で言えば、高級ブランドの商品です。例えば、エルメスのバーキンは商品そのものの品質のよさ、素晴らしさもさることながら、所有することによって得られるステータスがあることも確かです。数十万円から100万円を超えるものまでありますが、エルメス社が量産体制を構築し、さまざまな工夫をして価格を100分の1に抑えることができたらどうなるでしょうか。皆がバーキンを所有することができるようになりますが、所有することでステータスを得ることはできなくなります。価格面から考えれば、高いことに意義があるわけです。

② 端数価格

スーパーやディスカウントストアなどに行くと、100円ではなく98円、200円ではなく198円といった値付けがされています。外税価格であることが多く、98円でも実際に払う額は100円を超えてしまうのですが、心理的に割安感があることも確かです。

この端数価格は、昔からの定番ですが、この定番を逆手に取ることもできます。例えば、店内のPOPに「かなりがんばったんですけど、102円!」と書いてあったらどうでしょうか。お客さんは、これ以上の値下げは無理だろ

うと感じ、納得して商品を手に取れるのです。逆端数価格とも言えます。

③ 段階価格

　松竹梅提案のところで説明したように、売りたい商品を竹に位置づけ、上級グレード、下級グレードとあわせて段階価格で提案してください。

④ 慣習価格

　慣習価格とは、価格がほぼ一定で、一般的なものとして認識されているものです。代表的なものが、缶ジュースの価格（120円）とペットボトル飲料の価格（150円）です。それより高い価格を設定すると、割高な印象を強く与えてしまいます。逆の場合も同じで、低い価格で提供することのインパクトは強くなります。最近は缶ジュースも価格破壊が進み、100円未満のものも珍しくなくなってきました。

⑤ 均一価格

　商品の価格を揃えると、購買意欲が向上すると言われます。例としては、100円ショップや100円寿司が思い浮かぶでしょう。低価格で価格が同じという安心感から、ついつい買いすぎてしまうお客さんも多いようです。また、3足1,000円の靴下なども、均一価格による販売方法の1つと言えます。

　仕入値、原価がそれぞれ異なりますので、提供者側としては、同じ金額でも利益率の高い商品を売る努力が必要です。

⑥ ゾーン価格

　皆さん、誰かにお中元やお歳暮を送る際、送る商品の金額を先に決めてから商品を選ぶことが多いでしょう。百貨店のお中元・お歳暮用の商品カタログは、そうした人のニーズに合わせ、価格別に商品を選べるように工夫されています。こうした場合に、3,000円、5,000円、10,000円などと分けられた価格をゾーン価格といいます。プレゼントや贈答、そのお返しなどでも、ゾーン価格が設定されます。

　ゾーン価格は、価格設定の考え方の1つですが、あらかじめ予算が設定されるような商品やサービスの場合、お客さんのニーズに合わせ、商品を選択しやすくすることは重要なサービスの1つです。

第4章 資金計画・収支計画で数字を味方につける

　第4章では、資金計画と収支計画について解説します。創業のためにいくら資金が必要で、その資金をどう調達するかを考えるのが資金計画です。そして、売上を確保し必要な利益が得られるように段取りするのが収支計画です。わかりやすく説明していきますので、数字が苦手な人でも大丈夫です。

1 資金計画のポイントと手順

　事業を始めるための資金とその調達法を考えるのが資金計画です。仮に飲食店（ラーメン屋）を始めるとします。「まず店舗を借りないといけないし、内装工事もしたい。食器もいるし、宣伝もしないといけない。スタートするのに材料の仕入も必要だ。看板もつくりたい…」と思いを巡らします。

　最終的には、見積もりを得て精度を上げていく必要がありますが、まずはおおよその金額を考えていきましょう。右の表はそうしてできた資金計画です。最初は、誤差だらけで構いません。少しずつ情報を集めて、精度を高めていってほしいのです。点数付けするなら、最初は10点の資金計画、最終的に100点を目指していきましょう。

10点の資金計画（単位：万円）

店舗敷金	50
内装工事	300
什器備品（お皿）	100
広告宣伝	50
材料仕入	50
看　板	50
合　計	600

（1）設備資金と運転資金

　正確な資金計画を作成するためには、必要資金を2つのグループに分けることから開始します。1つ目が「設備資金」、もう1つが「運転資金」です。まずは、それぞれの意味を説明します。

　設備資金は、名称の通り設備関係の購入に必要な資金です。一般的に金額が大きく、何年にもわたって利用するものです。例えば、配達を伴う事業であれば、配達用の車が必要です。小さな軽のワンボックスカーでも諸経費を入れると100万円を超えてしまいます。それぐらい金額が大きいわけですが、その車両は何年にもわたって活用していくことができます。仮に、100万円で購入し10年使うとすれば、1年当たり10万円の計算となります。それでもとが取れるか考えます。効率的に配達するために、200万円出して大型の配達車にした方がいいかもしれません。それは、その都度判断しなければなりませんが、このように、高額で長期にわたって活用していくものを設備とい

い、その購入資金を設備資金と呼びます。

　運転資金は、日々の業務を回していくために必要なお金です。仕入の代金や水道光熱費、スタッフやアルバイトの給料など、いろいろと必要なものがあります。設備を購入したら資金がゼロになっていたのでは営業ができません。ある程度の運転資金を残しておく必要があります。

(2) 必要資金の算出手順

　必要な資金を算出する手順は、以下のように3つあります。当初の設定に戻り、ラーメン屋を始めるとして説明していきます。

【手順1】必要な資金（運転資金・設備資金）項目を洗い出す

　まず最初に、必要な資金の項目を洗い出します。一般的に事業を開始するために必要な資金の項目を、設備資金、運転資金別に表にまとめました。

	設備資金		運転資金（○ヵ月分）
店舗事務所系	保証金・礼金 内装・外装工事費	材料・商品系	仕入
設備機器系	設備、車両、什器・備品	人件費	給与、社会保険料等
その他	初回仕入、法人設立、営業ツール作成等	経　費	家賃、水道光熱費、広告宣伝費等

【手順2】資金の額を見積もる

① 設備資金

　設備資金のうち、店舗を借りる際に必要なのが、保証金や礼金です。保証金は敷金とも呼ばれ、借りている期間中や退去時に原状復帰させるための資金として、貸主に預けるお金です。それに対して礼金は、貸主に対して支払う初期費用のようなものです。これらについては、賃貸契約の際、必ず確認してください。

　保証金や礼金の相場は、総額で家賃の3ヵ月分です。そのため、最初の段階では、想定する家賃の3倍の金額を見積もっておけばいいでしょう。75ページの「オフィスにまつわる数字」のところで、店舗やオフィスの家賃は

売上の3日分が適当だと説明しました。仮に売上5万円を目指すのであれば、家賃は15万円、保証金・礼金はその3倍の45万円とするのです。きりのいいところで、50万円としておきます。

内装工事も、「オフィスにまつわる数字」から検討してみます。10坪程度の店舗を想定すれば、1坪当たり30万円として300万円です。

冷凍冷蔵庫、製氷機、シンクなどの洗浄設備や作業台、ガスコンロなどの厨房機器については、それぞれの金額が最初はよくわかりませんので、仮に300万円としておきます。

皿やコップなどの食器類は、「什器」と言います。備品と合わせ、「什器備品」と呼ばれることもあります。これも最初の段階では、何がどれぐらい必要なのかわかりません。食器だけでなく、調味料入れや箸立てなど、いろいろ必要なものがありそうです。数もある程度必要なので、概算で100万円とします。

その他の項目として、最初の仕入代、ショップカードなどの営業ツールの準備などにもお金が必要になります。これらは、50万円としておきましょう。

② 運転資金

運転資金は、概ね営業が軌道に乗るまでの期間分だけ用意しましょう。一般的には、3ヵ月分を想定します。今回の例では、売上が1日5万円でしたから、20日間営業すると、月商100万円です。食材などの原価がだいたい30％として、仕入代は毎月30万円、人件費はアルバイトの給与が1ヵ月15万円、その他経費が家賃15万円と他に毎月10万円かかるとします。それぞれの3ヵ月分ですから、3倍してください。

このようにしてできた必要資金の

資金計画　（単位：万円）

設備資金	店舗保証金・礼金	50
	内装工事	300
	厨房機器	300
	什器備品（食器等）	100
	その他	50
	小　計	800
運転資金	仕　入	90
	人件費	45
	家　賃	45
	その他	30
	小　計	210
	合　計	1,010

金額は、合計1,010万円となりました。最初はこれで十分です。しかし、まだ誤差が大きく、根拠の乏しい金額もたくさんあります。ここから精度を高めていく必要があります。

【手順3】金額の妥当性を検討する

　合計金額が多すぎた場合は、必要性や優先順位を考慮のうえ、節約する方法がないか検討してください。内装工事は居抜き物件（もともと、同業者が商売していた場所）を探したり、調理器具では中古品や家庭用のものに代えたりする策も有効でしょう。居抜き物件については、初期費用を抑えられるメリットがありますが、短い期間でいくつも借主が変わっている物件は注意が必要です。近隣の人たちが、悪い印象を持っているおそれがあるからです。前の商売が何で、どれぐらい続いたのか不動産屋などに確認しましょう。

　また、こうしてできた仮の資金計画は、各金額の妥当性を高め、精度を上げていかなければなりません。保証金や礼金の金額については、インターネットを使って調査することも考えられますが、店舗情報は住宅情報に比べ、ネット上の情報量が少ないのが実情です。そこで、不動産屋にあたってみることが必要になってきます。いいなと思える物件が見つかったら、チラシのコピーをもらえばいいでしょう。賃貸の条件が記されているので、保証金などのこともわかります。もし物件の候補がいくつも見つかれば、それぞれについて資金計画を作成すればいいのです。

　内装工事についても、内装工事業者に聞くしかありません。内装工事業者と付き合いのある人はそう多くないでしょうから、自ら探す必要があります。インターネットに「店舗内装　（地域名）」と入力して検索すればいいでしょう。他にも探す方法が2つあります。1つ目は、不動産屋に紹介してもらう方法です。ただし、ごくまれに内装工事業者が高い見積もりをして不動産屋にバックマージンを渡すような例もありますので、1社だけから見積もりを取るだけでは不十分です。少なくとも2社、できれば3社からは見積もりを得るようにしましょう。もう1つの方法は、地域の商工会議所や商工会に相談することです。商工会議所や商工会は、創業の応援団的な存在です。

そうしたところに相談を持ちかけ、依頼先を紹介してもらうのです。

　厨房機器については、ラーメン屋の場合なら、「ラーメン　厨房機器」で検索してみてください。さまざまな厨房機器販売会社が、そうした飲食店別の情報を提供しています。ただし、金額はオープンにされていないことが多いので、思い切って問い合わせして見積もりを取ってください。この場合も、数社から取ることが大切です。これで必要な厨房機器の知識も得られますので、その次は中古の厨房機器販売店に対して、必要機器の一覧表を提示し、中古の場合の見積もりを得るようにするといいでしょう。

　食器などの什器については、必要なものとその数量を一覧表にして什器の専門店を訪れると効率的です。東京ではかっぱ橋道具街、大阪では日本橋の道具屋筋にそうした販売店が集まっています。店舗を訪問して見積もりを得るとともに、他に何か必要なものが抜けていないか聞いてみるのもいいでしょう。

(3) 資金調達方法の検討

　それでは、次のステップに進みましょう。先ほど算出した必要資金をどう調達するかという話です。

① 自己資金

　皆さん、いくらぐらいまでなら事業に自己資金を割けるでしょうか。家庭の貯蓄をすべて投入すると、今後の生活が危ぶまれますので、ある程度残しておく必要があります。1ヵ月の家庭の維持費を算出し、事業を軌道に乗せるまでの期間を掛けて残しておくべき金額を計算しましょう。例えば、1ヵ月に20万円必要で、軌道に乗るまでに半年かかるとすれば、120万円（20万円×6）が最低限残しておくべき金額になります。この金額は、皆さんの事情により異なります。配偶者が別に仕事に就いていて、それで生活ができるということなら、少なくてもいいでしょう。もちろん、さまざまなリスクに対応するために、なるべく多く残すべきですが、そもそも自己資金が潤沢にある人は少ないと思われますので、貯蓄と家庭の事情と合わせて検討してください。

■ 第4章　資金計画・収支計画で数字を味方につける ■

　必要資金の5分の1、できれば3分の1は、自己資金を用意すべきです。金融機関などから融資を得る際、印象をよくするためです。金融機関に対して、「この事業で1,000万円お借りしたいのですが」と依頼すると、「自己資金はどれくらいですか」と聞かれます。そのとき、「10万円です」という返事では、計画性を疑われてしまいます。

　少しずつでもいいので、自己資金は、着実に貯めてください。金融機関に貯めていけば、給与や賞与などの入金と生活費などの支出で、出入りの激しい通帳ができあがります。そして、残高が少しずつ増えていくことがわかります。この通帳が、自分の創業に対する熱意を、対外的に証明してくれるのです。だから、いわゆるタンス貯金はやめておいた方がいいでしょう。金額が増えても出所が証明できず、消費者金融から借りてきただけだと思われるかもしれません。それは、自己資金として認められません。生活用と貯金用で通帳を分けるやり方もあります。徐々に貯まってきたことがわかれば大丈夫です。

　他に、退職金、保険などの解約返戻金、株式や不動産などの売却代金も、自己資金に含まれます。それらの場合は、一度に多額の資金を得ることになりますので、証拠となる計算書類を保管しておいてください。

　最後に、親族からの贈与も自己資金になります。親族から創業資金の提供を受ける場合です。ただし、注意点が2つあります。1つは、贈与税の問題です。1年間に110万円以上の贈与を受けた場合、贈与税がかかります。そのため、多額の資金提供を受ける場合は、何年かに分けた方がいいでしょう。もう1つは、あとで喧嘩にならないようにすることです。そのお金が、贈与なのか、貸与なのかをはっきりさせておきましょう。そして、禍根を残さないように、書面で残しておかなければなりません。血縁同士の金銭問題は、エスカレートすることが多く、親子の縁を切ることになるケースも少なくありません。そのときに後悔しないために、書面で残しておきましょう。次ページにサンプルの書式を紹介しておきます。1つ目が贈与（譲渡）、2つ目が貸与（借入）の場合です。

覚　書

　○○○○（以下、「甲」という。）は、□□□□（以下、「乙」という。）に対し、金額＊＊＊＊＊＊円を譲与する。この金銭は返済を必要としない。

　　年　　月　　日

　　（甲）　住所
　　　　　　氏名　　　　　　　　　　　　　　　　　　印

　　（乙）　住所
　　　　　　氏名　　　　　　　　　　　　　　　　　　印

借　用　書

　○○○○（以下、「甲」という。）は、□□□□（以下、「乙」という。）に対し、金額＊＊＊＊＊＊円を貸与する。

　1．乙は○○年○○月○○日限り、一括にて返済する。
　2．利息は＊＊円とし、上記期日に合わせて返済する。

　　年　　月　　日

　　（甲）　住所
　　　　　　氏名　　　　　　　　　　　　　　　　　　印

　　（乙）　住所
　　　　　　氏名　　　　　　　　　　　　　　　　　　印

　知人からの借入の場合も同じです。必ず覚書か借用書を交わすようにしてください。ただし、借入の場合は自己資金に入りませんので注意してください。

② **共同出資**

　2人（以上）で共同経営をしようと、お金を出し合うこともよくありま

す。しかし、夫婦、親子、同僚、友人など、何人かで事業を行う場合、うまくいかないことが多いのです。その理由は、誰がリーダーかを明確にしないからです。リーダーは誰か、すなわち代表は誰か、あるいは社長は誰か、そこはしっかり決めるべきです。

共同経営は、阿吽の呼吸がありますから、いいときはうまくいきます。しかし、悪いときはこれほどやっかいなことはありません。そのため、もめたときに、最終決定権を持つ人が必要になってきます。

仮に2人でやる場合、50％ずつ出資するのはやめた方がいいでしょう。せめて、51％と49％にするべきです。多く持っている人が最終的に決められるからです。

「もめたときは、事業をやめます」と言い切る人がいますが、そんな人は最初から事業をやるべきではありません。お客さんがどんなに困るか考慮できない、無責任な人だからです。

③ 金融機関からの借入

金融機関には、民間の金融機関と公的な金融機関があります。民間の金融機関には、都市銀行、地方銀行、信用金庫、信用組合とさまざまなものがありますが、この順番に規模が小さくなっていきます。創業者が利用しやすいのは、信用金庫、信用組合でしょう。また、最近では、地方銀行でも創業者向けの融資制度を設けていることもあります。

民間金融機関以外の公的な金融機関として、日本政策金融公庫があります。日本政策金融公庫については、第7章で説明していますのでそちらを参照してください。

どの金融機関を活用するにしても、創業計画書の提出を求められますので、必ず作成しておいてください。

④ 出資

出資は外部から資金を募る方法で、借入と似ていますが、異なることは返済が不要であることです。そのかわり、出資した人は株主になって、配当金などで利益を得るのです。

株主は、会社のオーナーとして意見を言うことができます。自分が出す額よりも出資者の出す額が多ければ、その出資者の方が大きい株主になってしまい、自分の経営者としての地位を脅かしかねません。
　そこで、そうした事態にならないように、出資の割合を抑えておく必要があります。また、もう1つのやり方として、議決権制限株式を活用する方法もあります。議決権とは、株主総会で株主として意思表示するために必要な権利です。その権利がない株式を発行するわけです。
　例えば、自分の創業に際して、友人のAさんが出資してくれるとします。全体の金額を100として自分が40、Aさんが60の出資割合だったとすると、Aさんの方が議決権を多く持つので、自分の経営者としての地位が危うくなる可能性があります。そのため、Aさんの60のうち半分の30を、議決権制限株式にするのです。すると、Aさんの議決権は30となり、自分の方が優位になります。議決権制限株式を発行する場合、議決権がない分だけ株主はリスクを負うわけですから、配当金などを優遇する必要があります。

⑤　クラウドファンディング
　クラウドファンディングとは、インターネットを介して不特定多数の協力者から資金を得る仕組みです。
　例えば、新規事業を開始するために友人から出資者を募ったとします。1,000万円集めるため、友人20人に声を掛けました。1人当たりの出資金額は、50万円となります。なかなか即決できる金額ではありませんので、友人からの協力を得るのは大変そうです。しかし、これが200人、さらには2,000人だったらどうでしょうか。それぞれ1人当たり5万円、5,000円となります。これくらいなら、個人でも何とかできそうな金額です。とはいえ、2,000人の出資者を集めるのは難しいでしょう。そこで、インターネットを活用するわけです。
　クラウドファンディングで有名なのは、以下の2つのサービスです。
・READYFOR（https://readyfor.jp/）
・Makuake（https://www.makuake.com/）

ぜひ、これらのウェブサイトをチェックしてください。常に多くのプロジェクトが登録され、出資者を集めています。出資者が多く集まっているプロジェクトの特徴は、以下の通りです。

・タイトルで簡潔にコンセプトを伝えている
・事業の内容を明確に伝えている
・事業の社会的意義が高い
・協力者へのリターンが魅力的

　特に社会性という意味では、ソーシャルビジネスとまではいかなくても、通常、行政やボランティアによって行われているような事業に向いています。福祉関係や社会的な弱者へのサポートなどが、それにあたります。また、それ以外の事業であっても、社会的な側面を持っている場合があります。例えば、カフェを開く場合でも、「子育てにちょっと疲れたママさんに、癒しの時間を提供できるカフェを開きたい」とコンセプトに書き加えれば、社会的な意義が見えてきます。もちろん、書き方だけでなく思いが込められていることが重要になります。

　また、通常の出資者は配当という形でリターンを得ることになりますが、ソーシャルファンディングでは出資といっても形式上は「お礼」という商品を買う形式になっています。そのため、株主になるわけではありませんので、不特定多数が株主になる心配もいりません。

　また、クラウドファンディングを活用する予定のない人でも、一度はこれらのウェブサイトを見てほしいと思います。それは、自分の事業を明確に伝える事例の宝庫だからです。タイトルの付け方、説明の方法など、参考になる部分が多いので、ぜひチェックしてください。

(4) 資金計画表の様式

　最後に、必要な資金と調達の方法を、次ページのような資金計画表にまとめます。各項目は、これまで説明してきた通りです。最下段の必要資金合計と調達資金合計は必ず一致させるようにしてください。

必要な資金				調達の方法		
分類	項目	内容	金額	分類	内容	金額
店舗事務所	保証金・敷金			自己資金		
	法人設立					
	その他					
	小　計				小　計	
内装外装	内装工事			親類友人からの借入		
	外装工事					
	その他					
	小　計				小　計	
設備機器什器備品	設備・車両			金融機関からの借入		
	什器備品					
	その他					
	小　計				小　計	
運転資金（　ヵ月分）	仕　入			その他		
	人件費					
	地代家賃					
	その他					
	小　計				小　計	
必要資金合計				調達資金合計		

2　収支計画のポイントと手順

（1）売上をいかに確保するか

　事業を始める皆さんの一番の心配事は、売上があがるかどうかではないでしょうか。この不安を拭い去らなければ、なかなか前には進めません。

　いかに売上を確保するかは、想像力と実行力にかかっていると言えるでしょう。想像するのは売上をあげるための作戦ですが、見込み客から顧客になってもらうためのストーリーは、第3章のAIDMAのところで説明しま

した。ここではそれも含め、もっと広い視野で売上を増やす方法を考えていきます。

まず皆さん、漠然と売上をあげる方法をリストアップしてみてください。研修などでこうした質問をすると、いろいろなアイデアが出てきます。「チラシを刷ってポスティングする」、「ネットショップを開く」、「営業マンを入れる」、「店舗を増やす」など、どれも効果がありそうですが、問題点は思いつきで言っていることです。これでは、すべてのアイデアを出し尽くしたかどうかもわかりません。そのようなときポイントになるのが、「掛け算で考える」ということです。

$$売上 = 数量 \times 単価$$

上のような数式を、皆さん、一度は見たことがあるでしょう。100円のものが1万個売れたら、売上は100万円です。掛け算ですから、売上を増やすためには数量を増やしてもいいですし、単価を上げてもいいわけです。

そこで、「売上を増やす作戦」を2つに分けましょう。「数量を増やす作戦」と「単価を上げる作戦」の2つについて、それぞれ時間を区切って考えるのです。作戦を練る時間を2つに分けて、ラウンド1は数量、ラウンド2は単価を対象に考えることで、少し細かな検討ができるようになります。

先ほどのポスティング、ネットショップ、営業マン、店舗のアイデアは全部、数量を増やす作戦です。一方、単価を上げる作戦は1つも出てきていません。いかに思いつきが偏っているかがわかります。そこで、松竹梅提案やアッパーセルの話を思い出してください。単価を上げる作戦もいろいろ浮かんでくるはずです。

細かな検討ができることが、掛け算で分けることの最大のメリットです。では、もっと細かくするには、どうしたらいいでしょうか。それは、さらに掛け算で分けていけばいいのです。

> **数量 ＝ 顧客数×リピート回数×１回当たりの個数**

　ここでは、数量をさらに細かな掛け算で表してみました。お客さんが100人いて、平均で２回リピートしてくれるとします。すると、全体の買い物の回数は200回です。「１回当たりの個数」が３個であれば、合計は100×２×３となり600個です。この掛け算の要素３つは、どれを増やしても数量は増加します。「顧客数を増やす作戦」、「リピート回数を増やす作戦」、「１回当たりの個数を増やす作戦」をそれぞれ時間を区切って検討してください。検討したアイデア、思いついたアイデアは、必ず書き出してください。人間はどんどん忘れていきますから、メモを残すことが大切です。

　リピート回数を増やす作戦としては、スタンプカードの導入や、お客さんにダイレクトメールで会員向け特売の情報を送る作戦など、いろいろ考えられます。次回以降の来店で使える金券を渡すことも有効です。

　１回当たりの個数を増やす作戦はどうでしょう。○個以上の買上げで割引したり送料を無料にするといった手が考えられます。

　後回しにしましたが、顧客数はどうでしょうか。実はさらに掛け算で分けることができます。

> **顧客数 ＝ 見込み客数 × 成約率**

　見込み客を増やす作戦は、呼び込みをしたりチラシを配布したりするなど、多くのアイデアが思いつくと思います。いわゆる広告宣伝は、すべて見込み客を増やす作戦とも言えるからです。

　では、成約率はどうでしょうか。100人お客さんが来てくれて、10人が買ってくれたとすれば、成約率は10％となります。この率を高めるには、どうしたらいいでしょうか。接客レベルを向上させることも有効です。来てく

れたお客さんに気持ちよく買い物してもらうために、笑顔で元気に挨拶することも有効な作戦となるわけです。店内の雰囲気づくりや整理整頓、POPへの商品説明の掲載なども考えられます。商品カタログの整備も重要です。

こうしたアイデアは、漠然と売上をあげる作戦を考えていたときには出てこなかったものです。掛け算でいくつかの要素に分けることで、細かな検討ができることがわかっていただけたと思います。

> 売上 ＝ 見込み客数 × 成約率 × リピート回数
> × １回当たりの個数 × 単価

結局、売上はこのように、①見込み客数、②成約率、③リピート回数、④１回当たりの個数、⑤単価の５つの要素の掛け算に分かれました。

それぞれの要素を、10分ずつ検討してみてください。かなりのアイデアが得られると思います。いいアイデアが思いついたら、次は実行です。絵に描いた餅にならないように、１つずつ実行に移してください。

(2) 売上計画のポイント

ここでは、売上計画のポイントとして、売上の算出手順と売上計画表の様式について説明します。

① 売上の算出手順

まずは、売上を算出する手順について説明します。手順は３つあります。

【手順１】商品・サービスの種類、販売単価を決める

事業を通してどのような商品・サービスを提供するのか、そして価格はいくらにするのかを検討してください。

【手順２】毎月販売する商品・サービスの数量を予測し、売上高を算出する

次に、考えたメニューの項目ごとに１ヵ月の販売数量を予測します。項目ごとに予測するのが難しい場合、グループに分けても構いません。例えば、チーズケーキとチョコレートケーキを出している喫茶店で、それぞれの販売

予測を立てるのが難しいときは、「ケーキ類」と一括りにして予測するのです。

最初から1ヵ月単位で考えようとすると、漠然として誤差も大きくなってしまうので、さまざまな切り口で分割して考えるといいでしょう。例えば、「曜日と時間」です。飲食店なら、「平日」、「土曜日」、「日曜日」のように1週間を分けて、さらに、時間では、「朝」、「昼」、「晩」といったように3分割します。この分け方は、業種によって変わってきます。忙しい曜日や時間帯と、そうではないときとに分けるといいでしょう。

こうした分け方が、適さない業種もあります。その場合は、もっと長いスパンで考えてみてください。月ごとや季節ごとでも構いません。時間ではなく、販売チャネルを切り口にしてもいいでしょう。店舗からの売上とネットショップからの売上で分けることもできます。他には、新規顧客とリピート顧客という分け方も考えられます。ただし、最初から細かく分けすぎると混乱してしまいますので、わかりやすい分け方を1つ選んでください。

例を使って説明します。とてもシンプルな食堂を想像してください。メニューは、日替わり定食とおつまみビールセットの2つだけです。値段はそれぞれ、800円と1,000円です。

平日の昼間、定食がいくつ出るか考えます。席が10席あったとして、1回転で10食です。平日は1週間で5日間ありますから、計50食となります。夜はおつまみビールセットが1日5食、5日間で25食出るとします。土曜日と日曜日は、昼の定食が15食、おつまみビールセットが10食ずつとします。

これで、1週間の売上を割り出しましょう。

食事メニュー			平日	土日	合計
	定食	単価	800	800	
		数量	50	30	80
		金額	40,000	24,000	64,000
	ビールセット	単価	1,000	1,000	
		数量	25	20	45
		金額	25,000	20,000	45,000
合計			65,000	44,000	109,000

1週間の売上が109,000円では、物足りないですね。どうしたらいいでしょうか。もっと宣伝に力を入れて数量を増やすように努力するか、あるいはメニューを増やす等して単価を上げる方法が考えられます。その両方を実施して、以下のように変更しました。

			平日	土日	合計
食事メニュー	定食	単価	800	800	
		数量	75	50	125
		金額	60,000	40,000	100,000
	ビールセット	単価	1,000	1,000	
		数量	40	30	70
		金額	40,000	30,000	70,000
ドリンクメニュー	ソフトドリンク	単価	300	300	
		数量	10	10	20
		金額	3,000	3,000	6,000
	アルコール	単価	500	500	
		数量	25	20	45
		金額	12,500	10,000	22,500
合計			115,500	83,000	198,500

　1週間の売上が198,500円です。これを4.3倍した853,550円が、およそ1ヵ月の売上となります。まだ少ない気もしますが、話を先に進めます。

【手順3】予測販売数量の根拠を明確にする

　このような計画ができたら、ぜひ誰かに説明してください。そうすると、「なぜ、平日の定食が15食出ると言えるのですか」と聞かれるでしょう。

　そこで、例えば、「リピーターが10人で、新規のお客さんが5人の見込みです」と説明すれば、「それなら、新規開業時にはリピーターはいないので、新規の5人だけですよね」と指摘されます。そこで、スタート当初の計画と軌道に乗ったあとの計画が必要なことに気がつくわけです。

　では、新規の5人をどう確保しましょうか。ここで、AIDMAのキーワードを思い出してください。例えば、ポスティング作戦と店前での呼び込み作

戦があったとします。ポスティングで2人、呼び込みで3人確保するとします。ポスティングは何枚配ればいいでしょうか。来店確率が1％なら、200枚です。呼び込みで20人中1人が来てくれると考えれば、60人に声掛けすればいいわけです。ポスティング200枚と60人への声掛けが、この数字の根拠となります。

　これで、かなり具体的な計画になります。数字に根拠があるので、人に説明しても納得してもらえます。あとは、それを実践する力があるかどうかという話になっていきますから、「必ずやりとげます」と言い切ればいいわけです。

　ここまでくれば、売上があがるかという不安より、やらなければいけないことがたくさんあることへの危機感、焦りが強くなってきます。そして、その危機感を力に変えて実行していけば、結果が出てくるはずなのです。危機感や焦りが優先してきたら、検討が進んでいる証拠だと自信を持ってください。

② **売上計画表の様式**

　売上は「数量×単価」で表されますから、売上計画表の様式は、以下のようになります。

			分類名		
			分類1	分類2	合計
メニューグループ1	メニューA	単価			
		数量			
		金額			
	メニューB	単価			
		数量			
		金額			
メニューグループ2	メニューC	単価			
		数量			
		金額			
	メニューD	単価			
		数量			
		金額			

これは定食屋の例ですが、皆さんの事業に合うようにアレンジして利用してください。

（3）利益計画のポイント

売上計画ができたら、それで利益が出せるか確認します。儲けるために事業をするつもりはないという人も、継続するために維持費ぐらいは捻出しなければなりません。その場合は、損をしない利益計画を立てればいいのです。それでは、早速説明していきます。

① 「利益＝売上－費用」だが…

利益を増やすにはどうしたらいいでしょうか。「利益＝売上－費用」ですから、売上を増やし、費用を抑えればいいと考えられます。

売上を掛け算で捉えれば、「サービス券を配布する」、「チラシを配る」、「フリーペーパーに広告を載せる」、「接客マナーを向上させるために研修する」など、さまざまな売上増加策が考えられることは前述しました。でも、これらの方策には、すべてお金がかかります。売上を増やすには、無駄な費用は抑えて、使うべき費用には積極的に投資することが必要なのです。重要なのは、お金の使い方です。

② 投資、消費、浪費

お金の使い方には、「投資」、「消費」、「浪費」の３つがあります。

売上を増やすための方策に、資金を投入するのが「投資」です。使うべきかどうかの判断基準は２つあります。「販売促進につながるか」と「強みを伸ばすことにつながるか」です。

販売促進には、お金を使うべきです。節約することも大切ですが、「無料で利用できるホームページをつくったのに、他社の広告が表示される」、「自分で考えたチラシのデザインが素人っぽい」などでは、節約にはつながっても販売促進の効果は落ち、その先にいるお客さんに伝えるべき情報が伝わりません。

もう１つ、強みを伸ばすためにも積極的に投資をしてください。強みとは、何だったでしょうか。すでに説明しましたので、忘れた人は復習してく

ださい。ヒントは、QCDSE です。

　仮に、材料の中でも、特に卵にこだわったプリン屋があったとします。そんなプリン屋が、コストダウンのために、材料を高くておいしい卵から安い卵に切り替えたら、ただのプリンになってしまいます。つまり、強みに関わるコストは抑えるべきではありません。おいしい卵を求めて全国の養鶏場を訪ね歩くくらいの積極的な投資が必要なのです。

　次は、「消費」です。これは、必要経費とも呼ばれるものです。強みに関わるような経費でなければ、節約できるものは抑えていきましょう。ただし、値段を抑える代わりに、時間がかかることがあります。外注費を抑えるために、チラシのデザインを自分でやるような場合です。経営者の時間は貴重です。自分の時間を割く代わりに、誰かに頼んで自分の時間を確保することも大切です。

　最後は、「浪費」です。いわゆる無駄遣いのことです。無駄遣いなどしないと思っている人も多いと思いますが、判断を誤った投資は無駄遣いに終わってしまうので注意してください。

③　経費の算出手順

　売上の算出と同じく、経費の算出手順も3つあります。

【手順1】毎月必要となる経費を洗い出す

　まずは、必要となる経費の項目を洗い出します。最も単純に整理すれば、次の5項目です。

　1　売上原価：製造や仕入に要した費用
　2　人件費：社員やパート職員に支払う給与
　3　家賃：事務所、店舗、駐車場等の地代家賃
　4　支払利息：融資を受けたときの利息
　5　その他：水道光熱費や通信費などの経費

　自分のやりたい事業について、これまでに経営した経験がある人は、必要な経費の項目をもっと具体的にリストアップできるでしょう。経験がなくリストアップが難しいという場合は、この5つでひとまず大丈夫です。

【手順2】それぞれの経費の額を見積もる

次に、手順1であげた経費の額を見積もります。それぞれ、一番簡単な方法を紹介しておきます。

まず、1の「売上原価」は、「売上の○○％」と考えます。右表に業種別の大まかな参考数値を記載します。

ただし、これらは参考までの概算数値と考えてください。自らの経験に基づいた数値をお持ちの場合は、そちらを使ってください。

建設業	70％
製造業	65％
情報通信業	30％
運送業	55％
卸売業	70％
小売業	65％
飲食業	30％
宿泊業	20％
医療福祉関連	15％
教育関連	15％
その他サービス業	35％

2の「人件費」は、想定している給与賃金と人数の掛け算で求めます。パート職員の賃金は、「時給×労働時間」です。月に20日稼働で1日5時間勤務であれば、労働時間は100時間となります。社員の社会保険加入を考えている場合は、想定している給与賃金（交通費含む）の15％増しで見積もっておきましょう。社会保険の加入義務については、第6章の開業手続きのところで説明します。

3の「家賃」については、皆さんが事業を始めるエリアによってさまざまですので、実際に不動産屋に相談して、物件候補地と家賃相場を尋ねておきましょう。

4の「支払利息」は、融資を受ける金額と利率によります。利率は融資制度によってさまざまですが、年2.5％程度と見積もっておけば大丈夫です。

5の「その他」については、事業規模によりますが、「業務に携わる人数×3万円」程度は最低かかると考えてください。自分とパート職員1人であれば、6万円（2人×3万円）です。これに自分の事業の特徴を踏まえて、足すべきところがあれば加味してください。

こうして自分で算出した経費が客観的に正しいかどうか判断するために参考になる情報があります。

● J-Net21　業種別開業ガイド

http://j-net21.smrj.go.jp/establish/startup/top.html

　さまざまな業種ごとに、開業のポイントが記されています。その中には、売上計画や損益計算のシミュレーションの例が記されています。ここで、自らの計画との差異を確認してください。もし、大きな隔たりがあったなら、その理由を考えてみてください。自らの数字に根拠があればそのままで結構ですが、根拠がない勘に頼った数値であれば修正しなければいけません。

● 小企業の経営指標

http://www.jfc.go.jp/n/findings/sme_findings2.html

　こちらは、日本政策金融公庫が業種別に経営数値を調査した結果が掲載されています。それぞれの業種を選択すると、PDFファイルが表示されます。自らの業種のページを探して、最初に「売上高総利益率」の項目を見てください。売上高総利益率とは、商品の売上から仕入代や製造原価を差し引いて残る率を表したものです。これがもし30%となっていたら、売上原価は70%ということになります。

　この資料のおもしろいところは、全体の平均と黒字企業の平均がそれぞれ掲載されていることです。黒字企業は売上高総利益率が全体平均より高いイメージがありますが、飲食業などでは逆転しているケースがあります。売上高総利益率が低いところの方が儲かっているわけですが、理由が想像できるでしょうか。これは、原価にお金をかけているところが儲かっているということです。前述のプリン屋の例を思い出してもらえると納得していただけるでしょう。

【手順3】コストダウンを検討する

　売上と経費の算出ができれば、利益が出るかどうか確認できます。十分な利益が出ていなければ、コストダウンを検討しなければなりません。そこで、「十分な利益」について考えなければなりません。それを考える際必要な要素は、以下の3つです。

・個人事業と法人の経営者報酬の考え方
・減価償却
・生活資金

●個人事業と法人の経営者報酬の考え方

先に、法人の方から説明します。先ほどの経費の項目を思い出してください。

経営者の給料は、どこに入るのでしょうか。法人の場合、経営者の給料を役員報酬という項目にして、2の人件費に算入します。役員報酬は株主総会や取締役会で決議するのですが、自らが株主で唯一の取締役となると、自分ですべて決めることになります。年間300万円でも500万円でも1,000万円でもいいわけです。また、法人が赤字であったとしても、役員報酬として収入を得られます。法人の利益と自らの収入とは、関係ないのです。

ただ実際には、経営者が報酬を受け取らない（受け取れない）こともよくあります。それは、利益云々というよりも資金繰りが悪くなって行う対応ですが、それでも書類上は役員報酬を得ていることになります。実際には1円ももらっていなくても、役員報酬として計上しますから、経営者には金額に応じて税金や社会保険料がかかってきます。経営者も社員と同じ企業で働く従業員の1人であり、企業の利益と自分の報酬とは関係がないと考えるべきでしょう。

それに対し、個人事業主の場合、事業主の給料は人件費には算入できません。言葉が少々荒っぽいですが、「儲かった分は事業主の総取り」となります。だから、「利益＝収入」と考えてください。言い方を変えると、赤字だったら収入はなくなります。もし1億円利益が出たら、1億円の収入ということになります。

その収入で、2つのことを考えなければいけません。「生活ができるか」と「借入金の返済ができるか」です。返済については、利息分は経費になりますが、元本は経費になりませんので注意してください。残った利益か

ら返していくことが理想ですが、黒字、赤字問わず返済計画に応じて返済しなければなりません。

● 減価償却

減価償却は費用の中でも少し特殊で、利益や収入に関係してくる重要なものです。

例え話を使って説明します。ある年、皆さんが営業用の車か工場の機械設備、あるいは店舗で使う製氷機など高価なものを購入し、その値段が300万円だったとします。もちろん、お金を使ったわけですから、費用に計上しようと考えます。ところが、300万円全額は経費に算入できません。そこにある考え方が、減価償却なのです。

設備を購入したというよりは、300万円の現金が300万円の価値がある設備に変わったと考えるといいでしょう。とすると、手元にある資産の価値に増減はないことになります。だから、費用に算入できないのです。それでも、設備はだんだん古くなって価値が減ってきます。その減った価値の分だけ、費用に計上しようと考えるのです。償却とは費用に計上することを意味しますので、「減価償却」は文字通り、価値が減った分だけ費用に計上しようという考え方です。

仮に、この設備を3年間使う場合、3分の1ずつ目減りすると考えてください。300万円の設備ですから、100万円ずつです。下の図の灰色の部分

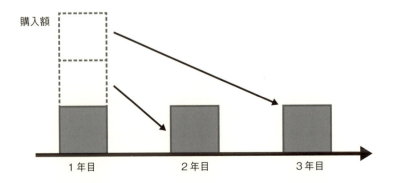

が費用に計上する分です。

　減価償却の知識としては、これぐらいで十分です。では、それが皆さんにどういった影響を及ぼすのか説明しておきましょう。1年目は300万円も使っているのに経費は100万円しか計上できないので、非常につらい年となります。お金は減っているのに、経費には一部しか計上できないからです。では、2年目はどうでしょうか。同じように価値の目減り分100万円を費用として計上しますが、実は1円も使っていませんから、お金は減っていません。しかし、経費に計上して、利益がその分減れば納税額も減って、手元にお金が残るようになります。単純に、減価償却をすると、税金分だけお金が残ると考えてもらって構いません。

　手元に残ったお金は、何かの費用に消えてしまうことが多いのですが、次の設備投資のために残しておくのが理想です。

●生活資金

　生活資金とは、食べていくための資金です。法人で開業した場合、役員報酬として給与のように収入が得られますが、個人事業主の場合は、最後に残った利益を総取りすることができます。

　ただ、利益と収入には少し違いがあります。厳密に求めるのは難しいので、簡易的な方法を紹介します。減価償却については、前述したように支出の発生しない費用となりますので、その分、キャッシュが残っているはずです。そのため、「利益＋減価償却費」で収入が算出できます。もう1つ、加味することがあります。それは、減価償却の逆で、支出したのに費用に算入できないものです。これも復習になりますので、思い出してください。そう。借入金の返済のうちの元本部分です。そのため、手元に残る収入（生活資金）は、以下のように計算してください。

$$\text{生活資金} = \text{利益} + \text{減価償却費} - \text{返済の元本}$$

これで生活ができるか、食べていけるかを判断してください。法人の場合は「生活資金」ではなく、手元に残る資金として「キャッシュフロー」と呼ぶ方が適当でしょう。

　生活資金は、利益と減価償却を足して、返済のうちの元本部分を引いて求めることを覚えておいてください。

④　利益計画表の様式

　次ページに、これまで説明してきた利益計画をまとめる様式を紹介します。スペースの都合で2ヵ月分しか記入欄がありませんが、年間計画として1年分作成するべきです。

　まず、「売上高」は売上計画から算出した月間売上高を記入します。そして、経費の算出手順のところで説明した「売上原価」を記入することで、「売上総利益」が算出できます。項目に合わせて計算式を記入していますので、参照してください。

　続いて、他の費用をそれぞれ記入していけば、「税引前利益」が計算できます。その下の「法人税等」は、税引前利益に税率を乗じて算出します。税率は、概算で40％または50％といった値を使うケースが一般的です。この法人税等は、個人事業主の場合は、「0」としてください。これは、個人事業主には税金がかからないということではありません。利益はそのまま収入となりますが、収入に応じて所得税がかかりますし、一定以上の収入となった場合には、個人事業税が発生します。しかし、法人税ではないため、ここには記載しません。法人税等の金額を差し引けば、「税引後利益」が算出されます。

　さらに管理すべき項目として、「簡易キャッシュフロー」、「借入金元本返済額」、「生活資金（キャッシュフロー）」の項目を掲載しています。簡易キャッシュフローとは、支出していない減価償却費を税引後利益に加えた額です。これから借入金元本返済額を差し引くことで、「生活資金（キャッシュフロー）」が算出されます。

■ 第4章 資金計画・収支計画で数字を味方につける ■

		年　　月	年　　月
売上高（A）			
売上原価（B）			
売上総利益（C＝A－B）			
経費	役員報酬 （個人の場合は記入不要）		
	人件費 （個人事業主分は含まない）		
	広告宣伝費		
	地代家賃		
	水道光熱費		
	消耗品費		
	通信費		
	減価償却費（D）		
	支払利息		
	その他		
	合　計（E）		
税引前利益（F＝C－E）			
法人税等（　　％）（G） （個人の場合は記入不要）			
税引後利益（H＝F－G）			

以下、管理すべき項目

	年　月	年　月
簡易キャッシュフロー（I＝H＋D）		
借入金元本返済額（J）		
生活資金（M＝I－J） （法人の場合はキャッシュフロー）		

第5章 プレゼンテーションで思いを伝える

　第5章では、プレゼンテーションについて説明します。プレゼンテーションの意味を広く捉えると、「自分の伝えたいことを表現する」ことです。誰かに自分の事業を伝える機会のすべてが、プレゼンテーションと言えます。
　皆さんは、これから自分の事業についていろいろな人に伝えていかなければなりません。そのときに、自分の思いをうまく伝えられるようにしておきましょう。

1 プレゼンテーションで大切なこと

まずは、プレゼンテーションで心がけるべきことを、3つお伝えします。

(1)「いかに伝えたか」ではなく「いかに伝わったか」に重点を置くこと

1つ目は、「伝えたか」ではなく「伝わったか」に重点を置くことです。言いたいことだけ言って、満足してはいけません。相手にきちんと伝わったかどうかを確認する必要があります。

(2) 聞く側の立場になって「おもてなし」に徹すること

2つ目は、「おもてなし」に徹することです。プレゼンテーションは相手に聞いてもらうことが前提であり、いかに聞きやすい環境を整えるかも重要です。聞き取りやすい声、理解しやすい資料、集中力を持続できる環境など、配慮すべきことは多岐にわたります。

例えば、プロジェクターで資料を照射して、右図のように説明していたとします。講演者は一生懸命説明しているのですが、聞いている人は不満だらけで、講演内容は耳に入ってきません。

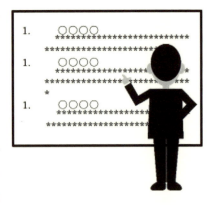

「字が小さくて読めない」、「講演者で隠れていてスライドがよく見えない」、「ずっと後ろを向いていて声が聞き取りにくい」などの不満が集中力を奪っていき、話を聞いてくれなくなります。また、「えー」や「あー」を繰り返す人がいます。聞いている人も一度これに気がついてしまうと、気になって回数を数えたりします。これを、「えーあー症候群」と呼びます。

集中力を保ちながら聞いてもらうためには、さまざまな配慮が必要なので

す。おもてなしの精神を大切にし、気持ちのいいプレゼンテーションをしっかりと聞いてもらいましょう。

(3) 練習を重視すること（練習は裏切らない）

3つ目は、練習がとても大切だということです。プレゼンテーションを上達させる手段は、場数を踏むことです。でも、本番はそれほど多く経験できません。だから、本番さながらの練習が重要なのです。練習をしない人は、「どうしたらうまくなりますか」と漠然とした質問をします。一方、練習をしている人は、もっと個別具体的な質問をするものです。

練習を行うときは、ビデオカメラやスマートフォンを使って録画するようにしましょう。また、家族や友人に聞いてもらうのもいいでしょう。いろいろな意見、感想を聞いて、必要なものは取り入れて改善してください。

2 話すことについて

プレゼンテーションの基本は、話すことです。ここでは、話し方の留意点を、3つ説明します。

(1) 言葉に魂を込める

1つ目は、「言葉に魂を込める」ことです。方法は、単純です。「伝えたい人の目を見て話す」ことです。

ポイントは、自分の目の方向です。相手の目、顔の方向を見て話すだけなのです。相手を見るように注意すれば、前掲の図のように、聞く人にお尻を向けて話すこともありません。しかし、よく考えてみれば、これは結構難しいことです。まず、原稿が読めません。原稿があると、目が原稿の方を向くからです。

(2) 話すスピード

プレゼンテーションは相手に伝わることが重要なので、話すスピードにも配慮が必要です。皆さんは、次の原稿を何秒で読めますか。相手に伝わりやすいスピードを意識して、小声でもいいので声に出して読んでみてください。

> はじめまして。私の名前は安田勝也と申します。今月独立いたしました。主な事業内容は創業に特化した経営支援です。これまでさまざまな創業支援を行ってまいりました。創業に関するセミナーの実績も豊富で、主催者や受講者から高い評価をいただいています。創業を志す人は皆、自分の夢をつかみ人生を豊かなものにしたいと願っています。私はそうした創業者の支援を通して、夢があふれ、皆が幸せに暮らせる世の中にしていきたいと考えています。

この原稿を理解しやすいスピードで読むと60秒、ちょうど1分ぐらいかかります。この原稿を60秒で読むことを意識して、数回練習してください。それが理想のスピードです。プレゼンテーションに慣れていないうちは、話すスピードが速くなる人が多いので注意が必要です。本番は、少しゆっくり目に話すようにしましょう。

(3) 滑舌

聞き取りにくい喋り方だと、聞き手の集中力も途切れてしまうので、滑舌はよくしたいところです。アナウンサーがよく「あ・え・い・う・え・お・あ・お」と練習していますが、私がよく行う練習方法を紹介します。これは、顔の表情をつくる表情筋のストレッチにもなりますので、笑顔が素敵にもなるおすすめの練習法です。とても簡単な練習法で、ひらがなの「い」と「う」を交互に発声するだけです。

ただ、少しオーバーアクション気味に発声してほしいのです。「い」は、「いーー！」と口を横一杯に広げて首の筋（斜角筋）が張るぐらいがんばってください。「う」も、「うーー！」とタコのような口にしてくちびるをできるだけ前に突き出します。これを、交互に「いー、うー、いー、うー」とやるのです。慣れてきたら、天井を見ながらやってください。お風呂で湯船につかりながらやると恥ずかしくないし、筋肉がリラックスしているので効果的です。

また、こうした練習とはまったく別の話ですが、プレゼンテーションをす

るときはお茶を飲まない方がいいでしょう。特に、油を流してしまうウーロン茶は厳禁です。口の油分は、滑舌のためにはある程度必要です。また、嘘のような話ですが、プレゼンテーションの前に油っこい食事をとると喋りやすくなります。緊張して食べられない人は、リップクリームを塗るだけでも効果があります。

3 プレゼンテーションのテクニック

　ここでは、プレゼンテーションのテクニックを紹介します。多くのテクニックが存在しますが、それはプレゼンテーションの専門書を参照していただくとして、ここではすぐに実践できるものを2つ紹介します。

(1) 先に全体像を話す

　1つ目は、「先に全体像を話す」ということです。実は今、これを実践したところです。数行前に「ここではすぐに実践できるものを2つ紹介します」と書きました。これが、全体像を先に話すということです。今からテクニックの話が2つあることが、皆さんに伝わります。メモを取っている人は、話を聞く前に「1、2、」と見出し欄を準備できるわけです。1つ目の話が終わったら、次で終わりだと意識してくれます。こうした意識は、集中力を持続させるためにとても重要なことです。

　他にも、全体像を話す表現方法があります。例えば、「今から私の話を3分ほど聞いてください」、「雑談に1分だけ付き合ってください」といった話し方です。時間で全体像を伝える方法です。

　聞いている人に先読みさせて集中力を持続させるため、まず全体像を話すように努めてください。

(2) 質問で聞く人を巻き込む

　2つ目は、「聞く人を巻き込む」ことです。頻繁に行われる方法は、質問です。例えば、「私はイタリア料理店をやりたいのですが、ワインはお好きですか」と問いかけます。何人かの前でプレゼンテーションをする場合は、

「ワインが好きな人、手を挙げてください」というやり方もあります。質問に答えることで、プレゼンテーションに参加してもらいます。質問することのメリットは、次の2つです。

・参加意識で集中力を高める
・聞く側の趣向、考え方が理解できる

「手を挙げてください」と促す場合は、自分も手を挙げましょう。じっと聞いている状態から体を動かすには、大きな誘いが必要なのです。そのために、自らがアクションを起こし、参加しやすい状態にします。オーバーアクション気味に、元気よく挙げてください。そして、手を挙げた人には配慮も必要です。用件がすんだら、「手を下ろしてください」と言い、「ご協力ありがとうございました」と、お礼も一言添えましょう。

4 プレゼンテーション実施の際に確認すべき事柄

この章の最後に、プレゼンテーションを行う際に確認しておくべき事柄をまとめておきます。次の表をご覧ください。

確認事項	補　足
目　的	プレゼンの目的
目　標	プレゼンの具体的な目標・ゴール
日　時	プレゼンの開始日時と持ち時間
場所と設備	プレゼンを行う場所と設備（パソコン、パワーポイント、プロジェクター、スクリーン、ポインター、リモコン、延長コード、長めのモニターコード、音響、ホワイトボード、マーカー）
参加者	人数、役職
資　料	照射用資料、配付資料、印刷方法

（1）目的

プレゼンテーションは、目的をしっかり定めてから実施すべきです。例えば、お客さんの前で行うプレゼンテーションであれば、商品を購入してもら

うことが目的になります。

　創業プランコンテストで、持ち時間が3分という状況だったらどうでしょうか。皆さんの事業の素晴らしいところ、売りにしたいところなどを、3分で伝えることは不可能です。こうした場合は、事業の面白さや楽しさを伝えることになるでしょう。あるいは、もっと詳しい話を聞かせてほしいと思ってもらうことが目的になるかもしれません。

(2) 目標

　目標は目的と似ていますが、より具体的に設定するといいでしょう。例えば、「詳しい資料を要望され、送付先のアドレスを教えてもらう」といった感じです。そうした目標を設定しておくと、プレゼンテーションの最後に「興味をお持ちでしたら、資料をご送付いたしますので、住所やメールアドレスを教えていただけませんでしょうか」という言葉が添えられるようになります。

　その言葉が、目標の達成確率を格段に向上させます。お客さんに行ってほしい次のアクションをしっかりと伝えてお願いするのです。具体的な目標設定が、プレゼンテーションの成功につながります。

(3) 日時

　日時については、プレゼンテーションの開始日時と合わせて持ち時間についても確認が必要です。もし、持ち時間が不明の場合は、5分、10分、30分といった時間ごとのプレゼンテーションを準備しておきましょう。

　また、プレゼンテーションでは、持ち時間を守ることもとても重要です。なぜなら、時間が過ぎた瞬間から、聞く側は時計を気にしだすからです。そうなると、プレゼンテーションの中身は耳に入りません。伝えたいことが残っていても、いさぎよくあきらめ、5秒ほどで重要項目を復唱して終了するようにしましょう。

(4) 場所と設備

　場所と設備については、特に、設備の確認が重要になります。スライドを照射してプレゼンテーションを行う場合は、パソコン、プロジェクター、ス

クリーンの有無は最低限確認すべきです。パソコンは持参でも構いませんが、データのみの場合、会場のパソコンのOSやプレゼンテーションソフトウェアの確認が必要です。心配な場合は、PDFデータに変換したものもあわせて用意しておきましょう。また、USBメモリで持参する場合、会場のパソコンでうまく認識できなかったり、セキュリティの関係で持参のUSBメモリを使わせてもらえなかったりする場合もあります。通信環境についても確認が必要です。

インターネットにつなぎたい場合、会場で有線LAN、無線LANが使用できるか確認します。パソコンとモバイル通信の環境を、自ら用意するのが理想です。また、プレゼンテーション用のリモコンがあると便利です。演台とパソコンが離れた位置に設置されることがあります。そうしたときに、リモコンを使用します。他に、延長コードやモニターコード（プロジェクターとパソコンをつなげるコード）についても確認してください。心配な場合は、持参するといいでしょう。

プレゼンテーションの中で動画を閲覧する場合、音響環境があるかどうか確認しておいてください。パソコンのスピーカーは音が小さく、会場全体には聞こえません。スピーカーにマイクを近づける代替手段もありますが、音質が悪くなるため避けたいところです。

最後は、ホワイトボードとマーカーです。使用する場合は会場に有無を確認してください。特にマーカーは、インクが薄くなっている場合もありますので、開始前にチェックしてください。

(5) 参加者

参加者の人数と役職等を確認します。人数は場所と設備、役職はプレゼンテーションの内容やレベルにかかわってきます。

(6) 資料

プレゼンテーションだからといって、必ずプロジェクターで資料を照射する必要はありません。手元資料だけでも構いませんし、資料なしというプレゼンテーションも、もちろんOKです。プロジェクターで照射する場合は、

スクリーンの大きさにもよりますが、資料の中で小さな字は使わないようにしましょう。最低でも18ポイント、できれば24ポイント以上にしたいところです。「見えない、読みにくい」というストレスが、聞く側の集中力を途切れさせますので、細心の注意を払ってください。

　資料の印刷を開催者側に依頼する場合は、印刷の方法について指示、確認するようにしてください。経費削減のため、白黒印刷や縮小印刷される場合もありますが、写真を使う場合などは、できる限りカラーにした方がいいでしょう。

第6章 開業の形態と手続き
――個人でいくか、法人にするか

　事業を始めるにあたって、法人にするか個人にするかで悩んでいる人は多いでしょう。そこで、第6章では、それぞれの場合のメリット・デメリットや選定のポイント、開業手続きについて解説します。なお、本章では手続書類の関係上、「創業」を「開業」と表記して説明を進めます。

1 個人か法人か

(1) 個人と法人の違い

開業の形態を考える際、個人事業主と法人のどちらにするか検討する必要があります。両者の違いをまとめてみましょう。

	個　人	法人（株式会社）
開業の手続き	簡単で費用もかからない	登記が必要で費用も要する
事業内容	変更自由	変更には定款の変更が必要
社会的信用	劣る	取引・採用に有利
会計処理	比較的簡単	専門知識が必要

また、業種によっては法人でなければならないケースもあります。一番身近な例で言えば、介護保険関係の事業を行う場合、介護保険適用事業所として指定される必要がありますので、原則として法人でなくてはなりません。

(2) 形態選定のポイント

以下に、形態として法人を選ぶ際のメリット、デメリットを記載します。

【法人化のメリット】

① **社会的信用が高まる**

一般的に言われていることですが、法人である方が社会的信用は高まります。しかし、皆さんが行う事業によってそうしたメリットが生きるかどうか異なります。例えば、BtoCビジネスの中でも、飲食店、食料品店、雑貨店、理容・美容業などの場合は、利用する際に、そこの店が法人かどうかなど気にすることはないと思います。同じBtoCでも、英会話教室、会員制エステサロン、介護サービス等比較的値段の高いものに関しては、ちょっと気になるかもしれません。やはり、法人の方が信用は高まります。ただし、法人だからといってすべての企業が信用されるとは限りません。

② **法人名による契約や登記ができる**

個人事業主の場合、契約は代表者が個人的に行う形となりますが、法人で

あれば法人が1人の人格として法律的に認められますので、法人として契約することができます。代表者の人格とは別ものとして認識されます。これは、責任の所在が分かれることを意味します。

③ 事業委託や補助金が受けやすくなるケースがある

　法人であることが事業基盤の安定性につながるという考え方から、委託事業や補助金が受けやすくなると考えられています。もちろん、個人事業でも、そうした制度がまったく利用できないわけではありません。

④ （NPOの場合）寄付金が集めやすくなるケースがある

　これは、補助金の場合と同じです。NPOは法人の1つですが、非営利活動団体と認識されますので、寄付金が得られやすくなります。

⑤ 責任感が高まる、活動内容が明確になり組織が引き締まる

　法人設立を、事業の出発点と考えている人も多いようです。代表取締役として登記簿にも名前を連ね、社会的に法人として認められることが責任感を生み、所属するスタッフの自覚にもつながります。

【法人化のデメリット】

① 活動内容に制限がかかる

　法人の活動目的は、定款と呼ばれる書類に明記され登記されます。それ以外の事業活動はできないため、新たな事業を始めるためには定款と登記の変更が必要になります。

② 正しい経理・事務処理が求められる

　法人の場合、個人事業と比較して決算や申告処理が複雑であるため、より正確性が求められます。その複雑さから税理士に処理を依頼する法人も多く、その場合は税理士に支払うお金も別途コストとしてみておかなければなりません。

③ 法人事業税がかかる

　赤字であっても、地方税の1つである法人事業税が7万円ほど課されます。

④ 社会保険の加入義務が生じる

　個人事業主の場合、ある程度の規模になるまで社会保険の加入義務は発生

しません。しかし、法人の場合は設立時から加入義務が発生します。

　法人化のメリットは個人事業主のデメリット、法人化のデメリットは、個人事業主のメリットと読み替えられます。法人化するかどうかは、事業の内容や規模、運営方法、必要となる設備や人材などの視点から考えるといいでしょう。

　以下の表に、開業形態別の特徴、違いをまとめました。

	個人事業	NPO法人	株式会社	LLC
必要人数	1人以上	役員4人以上 社員10人以上（役員含む）	取締役1人以上＋株主	1人以上
活動内容	営利活動	社会貢献活動 公益が目的	営利活動	営利活動
利益配分	利益＝所得	できない	できる	できる
役員	代表者のみ	理事3人以上 監事1人以上	株主総会と取締役 ※さまざまな形態有	制限なし
設立手続き	届出	認証	届出	届出
設立費用	無料	無料	約25万円	10万円
資本金	不要	不要	1円～	1円～
課税	個人課税	収益事業には課税される	法人課税	法人課税
公開情報	なし	3年間分の事業報告書など	決算	決算
設立までの期間	1日	4ヵ月～6ヵ月（縦覧期間2ヵ月）	約2週間	約2週間

2　個人事業主の開業手続き

　個人事業主が開業する際の手続きは、概ね税務関係と社会保険関係に分けられます。

（1）税務関係の手続き

　開業場所を管轄する税務署および都道府県税事務所に各書類を提出します。以下に、代表的な書類とその記載法、記載例を紹介します。記載例は、

私が開業したときに提出したのと同じ内容を、今の様式に記載し直したものです。

① **個人事業の開業・廃業等届出書（税務署）**

事業を開始した日から1ヵ月以内に提出します。
・納税地は、開業を予定している住所を記載します。
・職業は、事業内容をもとに記載します。
・屋号は、決まっていなければ空欄でも構わないのですが、金融機関で屋号付きの口座を作成する際にこの開業届出書に記載された屋号を確認する場合があるため、記載しておくことをおすすめします。
・届出の区分は、「開業」に○印を記入します。
・開業・廃業等日は、事業を開始した日を記載します。明確になっていない場合は、自分がいいと思った日を記入しても構いません。
・事業の概要欄は、できるだけ具体的に記載しましょう。
・給与等の支払の状況欄は、家族が専従者として事業を手伝う場合には、その数を記入しましょう。他に社員やアルバイトを雇用する場合には、使用人欄に記入します。給与から所得税を源泉徴収する場合は、「税額の有無」を有にしてください。
・「源泉所得税の納期の特例の承認に関する申請書の提出の有無」については、後述する同名の申請書を出す場合は有となります。
・最後に、上部の氏名欄に押印して完了です。認印で大丈夫です。

② **所得税の青色申告承認申請書（税務署）**

税務申告には、青色申告と白色申告があります。青色申告を行うことで65万円の所得控除を受け、税額を低く抑えることができます。会計ソフトを導入すれば、手間もかなり削減できますので、ぜひチャレンジしてください。青色申告する場合は、この書類であらかじめ申請しておきます。
・1の記入欄には、名称と所在地を記入します。
・2は、「事業所得」に印を入れてください。
・3と5は、通常「無」に印を入れます。

個人事業の開業・廃業等届出書

税務署受付印　　　　　　　　　　　　　　　　　　　　　　　　　　1 0 4 0

＿＿＿＿＿＿＿＿税務署長

平成28年 10月 1日提出

納税地	住所地・居所地・事業所等（該当するものを○で囲んでください。） （〒597-0033） 大阪府貝塚市半田3-1-1　　　（TEL 072 - 437 - 6266）
上記以外の住所地・事業所等	納税地以外に住所地・事業所等がある場合は記載します。 （〒　－　） （TEL　－　－　）
フリガナ	ヤスダ カツヤ
氏　名	安田 勝也　㊞
職　業	経営コンサルティング業
フリガナ	ヤスダコンサルティング
屋　号	安田コンサルティング

生年月日：大正・昭和46年12月10日生・平成

個人事業の開廃業等について次のとおり届けます。

届出の区分	**開業**（事業の引継ぎを受けた場合は、受けた先の住所・氏名を記載します。） 住所＿＿＿＿＿＿＿＿＿＿＿＿＿＿＿＿　氏名＿＿＿＿＿＿＿ 事務所・事業所の（新設・増設・移転・廃止） 廃業（事由） （事業の引継ぎ（譲渡）による場合は、引き継いだ（譲渡した）先の住所・氏名を記載します。） 住所＿＿＿＿＿＿＿＿＿＿＿＿＿＿＿　氏名＿＿＿＿＿＿＿
所得の種類	不動産所得・山林所得・事業（農業）所得　〔廃業の場合……全部・一部（　　）〕
開業・廃業等日	開業や廃業、事務所・事業所の新増設等のあった日　平成 28年 10月 1日
事業所等を新増設、移転、廃止した場合	新増設、移転後の所在地　　　　　　　　（電話） 移転・廃止前の所在地
廃業の事由が法人の設立に伴うものである場合	設立法人名　　　　　　　　　　代表者名 法人納税地　　　　　　　　　　設立登記　平成　年　月　日
開業・廃業に伴う届出書の提出の有無	「青色申告承認申請書」又は「青色申告の取りやめ届出書」　　　有・無 消費税に関する「課税事業者選択届出書」又は「事業廃止届出書」　有・無
事業の概要	経営コンサルティング業及びセミナーの企画や講師業等

給与等の支払の状況	区分	従事員数	給与の定め方	税額の有無	その他参考事項
	専従者	1人	月給	**有**・無	
	使用人			有・無	
	計				

源泉所得税の納期の特例の承認に関する申請書の提出の有無　**有**・無　　給与支払を開始する年月日　平成　年　月　日

関与税理士
（TEL　－　－　）

124

■ 第6章　開業の形態と手続き ■

所得税の青色申告承認申請書

1　0　9　0

税務署受付印

＿＿＿＿＿＿税務署長

平成28年　10月　1日提出

納税地	○住所地・○居所地・●事業所等（該当するものを選択してください。） （〒597-0033） 大阪府貝塚市半田3-1-1 （TEL 072 - 437 - 6266）
上記以外の住所地・事業所等	納税地以外に住所地・事業所等がある場合は記載します。 （〒　-　） （TEL　-　-　）

フリガナ	ヤスダ　カツヤ	生年月日	○大正 ●昭和 46 年 12 月 10 日生 ○平成
氏名	安田　勝也　㊞		
職業	経営コンサルティング業	フリガナ 屋号	ヤスダコンサルティング 安田コンサルティング

平成 28 年分以後の所得税の申告は、青色申告書によりたいので申請します。

1　事業所又は所得の基因となる資産の名称及びその所在地（事業所又は資産の異なるごとに記載します。）
　　名称　安田コンサルティング　　所在地　大阪府貝塚市半田3-1-1
　　名称　＿＿＿＿＿＿　　　　　所在地　＿＿＿＿＿＿

2　所得の種類（該当する事項を選択してください。）
　●事業所得　・○不動産所得　・○山林所得

3　いままでに青色申告承認の取消しを受けたこと又は取りやめをしたことの有無
　(1)　○有（○取消し・○取りやめ）　＿年＿月＿日　(2)　●無

4　本年1月16日以後新たに業務を開始した場合、その開始した年月日　＿年＿月＿日

5　相続による事業承継の有無
　(1)　○有　相続開始年月日　＿年＿月＿日　被相続人の氏名＿＿＿＿＿　(2)　●無

6　その他参考事項
　(1)　簿記方式（青色申告のための簿記の方法のうち、該当するものを選択してください。）
　　　●複式簿記・○簡易簿記・○その他（　　　）
　(2)　備付帳簿名（青色申告のため備付ける帳簿名を選択してください。）
　　　●現金出納帳・●売掛帳・●買掛帳・●経費帳・●固定資産台帳・●預金出納帳・○手形記入帳
　　　○債権債務記入帳・○総勘定元帳・●仕訳帳・○入金伝票・○出金伝票・○振替伝票・○現金式簡易帳簿・○その他
　(3)　その他

関与税理士 （TEL　-　-　）	税務署整理欄	整理番号	関係部門連絡	A	B	C
		0				
		通信日付印の年月日	確認印			
		年　月　日				

・6「その他参考事項」の(1)については、「複式簿記」に印を入れてください。(2)については、65万円の控除を受けるために最低限必要なものは「総勘定元帳」と「仕訳帳」です。さらに、固定資産がある場合は、「固定資産台帳」も必要となります。他にも会計ソフトから簡単に出力できる帳簿がありますが、まずは最低限、上記の2つまたは3つに印を入れておけば大丈夫です。

③ 給与支払事務所等の開設届出書（税務署）

　社員やアルバイトを雇用する場合、給与を支払う事業所であることを税務署に届け出る必要があります。その際に記載する書類が「給与支払事務所等の開設届出書」です。

・様式が改正され、個人番号（マイナンバー）か法人番号を記載する欄が設けられました。
・給与支払を開始する年月日欄は、最初の給料日となる日を記載します。
・従業員数欄は、法人役員とそれ以外の従業員に分けて記載します。個人事業主の場合、役員はいません。専従者であっても、従業員として数えてください。

④ 源泉所得税の納期の特例の承認に関する申請書（税務署）

　従業員の給与から所得税を源泉徴収して、毎月、税務署に納めなければなりませんが、この処理を毎月行うのは手間がかかります。そこで、従業員10人未満の場合には、年に2回一括で納めてもいいとする特例措置があります。その特例を受けるための申請書です。

　申請書には住所氏名等を記載するだけですので、記入例は掲載しません。税務署に行って、源泉所得税の納期の特例を受けたい旨、伝えてください。

⑤ 事業開始等申告書（都道府県税事務所）

　こちらは、届出先が税務署ではなく都道府県税事務所となりますので注意してください。都道府県ごとに、様式が異なります。ここでは、大阪の場合の記入例を紹介しておきます。

■ 第6章 開業の形態と手続き ■

給与支払事務所等の開設・移転・廃止届出書

※整理番号

税務署受付印

平成28年10月1日

税務署長殿

所得税法第230条の規定により次のとおり届け出ます。

事務所開設者	住所又は本店所在地	〒597-0033　大阪府貝塚市半田3-1-1　電話（072）437-6266
	（フリガナ）	ヤスダコンサルティング
	氏名又は名称	安田コンサルティング
	個人番号又は法人番号	
	（フリガナ）	ヤスダ カツヤ
	代表者氏名	安田　勝也　㊞

（注）「住所又は本店所在地」欄については、個人の方については申告所得税の納税地、法人については本店所在地（外国法人の場合には国外の本店所在地）を記載してください。

開設・移転・廃止年月日　平成28年10月1日　　給与支払を開始する年月日　平成28年10月25日

○届出の内容及び理由
（該当する事項のチェック欄□に✓印を付してください。）

開設　☑ 開業又は法人の設立
　　　□ 上記以外
　　　　※本店所在地とは別の所在地に支店等を開設した場合

移転　□ 所在地の移転
　　　□ 既存の給与支払事務所等への引継ぎ
　　（理由）□ 法人の合併　□ 法人の分割　□ 支店等の閉鎖
　　　　　　□ その他（　　　）

廃止　□ 廃業又は清算結了　□ 休業

その他（　　　）

「給与支払事務所等について」欄の記載事項

	開設・異動前	異動後
	開設した支店等の所在地	
	移転前の所在地	移転後の所在地
	引継ぎをする前の給与支払事務所等	引継先の給与支払事務所等
	異動前の事項	異動後の事項

○給与支払事務所等について

	開設・異動前	異動後
（フリガナ）	ヤスダ コンサルティング	
氏名又は名称	安田コンサルティング	
住所又は所在地	〒597-0033　大阪府貝塚市半田3-1-1　電話（072）437-6266	〒　　電話（　）　－
（フリガナ）	ヤスダ カツヤ	
責任者氏名	安田　勝也	

従事員数　役員　　人　従業員　1人（　）人（　）人（　）人（　）人　計　1人
（その他参考事項）

税理士署名押印　　　　　　　　　　　　　　　　　　　　　　㊞

※税務署処理欄	部門	決算期	業種番号	入力	名簿等	用紙交付	通信日付印	年月日	確認印
	番号確認	身元確認	確認書類　個人番号カード／通知カード・運転免許証　その他（　）						

（規格A4）

27.06 改正

府規則様式第三十一号

事業開始・変更・廃止申告書（個人事業税）

徴収番号	

平成 28 年 10 月 1 日

大阪府　　　府税事務所長　様

住　所　　大阪府貝塚市半田３－１－１

フリガナ　ヤスダカツヤ
氏　名　　安田　勝也　　　　　㊞

（電話　072-437-6266　　　　）

個人番号 □□□□□□□□□□□□
（開業の場合のみ記載）

大阪府府税条例第41条の11の規定に基づき、事業の☑開始・□変更・□廃止を行いましたので、次のとおり申告します。（今回の申告の事由について、該当する□に☑を記入してください。）

事務所（事業所）の名称又は屋号	安田コンサルティング	
事務所又は事業所の所在地	大阪府貝塚市半田３－１－１	
事業の種類	経営コンサルティング業	
開始・変更・廃止年月日	平成28年10月1日	
変更した事項　1 事務所・事業所の所在地　2 住所　3 氏名　4 その他（屋号等）（　　　）該当する上記番号を○で囲んでください。	変更前	
	変更後	
廃止の事由が法人の設立に伴うものである場合	法人名	
	所在地	
その他参考事項		

(2) 社会保険関係の手続き

従業員を雇用する場合、条件により、以下のような社会保険への加入手続きが必要になります。

① 健康保険、厚生年金保険

従業員5人以上の場合、すべて加入する必要があります。5人未満の場合は、任意加入です（5人以上の個人事業であっても、クリーニング業、飲食店、ビル清掃業等の一部のサービス業や農業、漁業等は任意加入となります）。

加入の際には、「健康保険厚生年金保険新規適用届」を年金事務所に提出します。用紙は表と裏がありますので、記載漏れのないように注意してください。

- ⑦の事業の種類は、「事業所業態分類票」を参考にして記入してください。分類票は、同名で検索することで、日本年金機構のホームページからダウンロード可能です。
- ⑫、⑬の昇給月、賞与支払予定月は想定で入れてください。
- ㉚の人数記入欄ですが、社会保険に加入する従業員と加入しない従業員について記載します。加入しない従業員は、その人数や勤務形態を記載します。

② 雇用保険

こちらは、以下の2つの条件を満たす従業員を雇用した場合、必要になります。健康保険や厚生年金保険と違い、1人から対象となりますので注意してください。

- 31日以上引き続きの雇用見込みがあること
- 1週間の所定労働時間が20時間以上であること

該当する従業員を雇用したら、「雇用保険適用事業所設置届」と「雇用保険被保険者資格取得届」を公共職業安定所（ハローワーク）に提出してください。

どちらも複雑な書類ではありませんので、記入例だけ掲載します。雇用保険適用事業所設置届の裏には、使用する印鑑の押印欄もあります。雇用保険被保険者資格取得届は、雇用する従業員ごとに作成して提出してください。

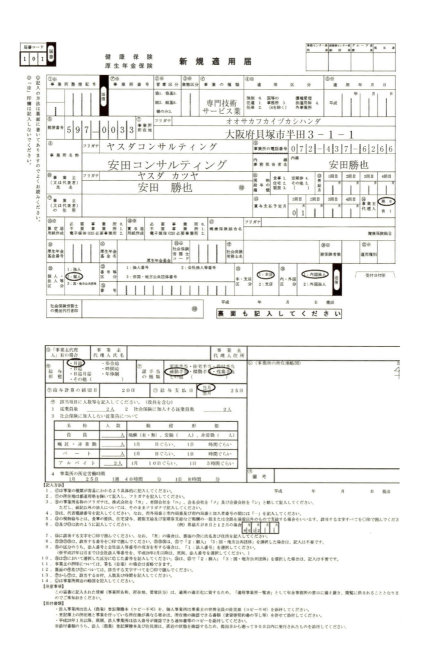

■ 第6章 開業の形態と手続き ■

雇用保険適用事業所設置届

（必ず第2面の注意事項を読んでから記載してください。）

※ 事業所番号

下記のとおり届けます。

公共職業安定所長 殿

平成 28 年 10 月 1 日

帳票種別 1 2 0 0 1

1. 法人番号（個人事業の場合は記入不要です。）

2. 事業所の名称（カタカナ）
ヤスダコンサルティング

事業所の名称〔続き（カタカナ）〕

3. 事業所の名称（漢字）
安田コンサルティング

事業所の名称〔続き（漢字）〕

4. 郵便番号
597-0033

5. 事業所の所在地（漢字） ※市・区・郡及び町村名
貝塚市半田

事業所の所在地（漢字）※丁目・番地
3-1-1

事業所の所在地（漢字）※ビル、マンション名等

6. 事業所の電話番号（項目ごとにそれぞれ左詰めで記入してください。）
072 - 437 - 6266

7. 設置年月日 4-281001 （3 昭和 4 平成）

8. 労働保険番号

※公共職業安定所記載欄
9.設置区分
10.事業所区分
11.産業分類
12.台帳保存区分

	（フリガナ）	オオサカフカイヅカシハンダ	17.常時使用労働者数	2人
13.	住所	大阪府貝塚市半田3-1-1		
事	（フリガナ）	ヤスダコンサルティング	18.雇用保険被保険者数 一般	2人
業	名称	安田コンサルティング	日雇	人
主	（フリガナ）	ヤスダ カツヤ	19.賃金支払関係 賃金締切日	25日
	氏名	安田 勝也 印	賃金支払日 当/翌月 20日	
14. 事業の概要		経営コンサルティング業	20.雇用保険担当課係	課 係
15. 事業の開始年月日	平成 28 年 10 月 1 日	※事業の 16.廃止年月日 平成 年 月 日	21.社会保険加入状況	健康保険 厚生年金保険 労災保険

備考

※ 所長 次長 課長 係長 係 操作者

（この届は、事業所を設置した日の翌日から起算して10日以内に提出してください。）

2016.1

雇用保険被保険者資格取得届

様式第2号

標準字体 0 1 2 3 4 5 6 7 8 9
（必ず第2面の注意事項を読んでから記載してください。）

帳票種別 1 4 1 0 1

1. 個人番号

2. 被保険者番号 ____-_____-_

3. 取得区分 1 （1 新規 / 2 再取得）

4. 被保険者氏名 山田太郎　フリガナ（カタカナ）ヤマダタロウ

5. 変更後の氏名　フリガナ（カタカナ）

6. 性別 1 （1 男 / 2 女）

7. 生年月日 3-461210 （元号：1 大正 / 3 昭和 / 4 平成）

8. 事業所番号 ____-_____-_

9. 被保険者となったことの原因 2
 1 新規（新卒）
 2 新規雇用（その他）
 3 新規雇用（学卒）
 4 出向元への復帰（65歳以上）
 5 その他
 6 日雇からの切替
 7 その他
 8 出向元への復帰

10. 賃金（支払の態様―賃金月額：単位千円）1-200 （1 月給 2 週給 3 日給 4 時間給 5 その他）

11. 資格取得年月日 4-281001 （元号 年 月 日）

12. 雇用形態 7
 1 日雇 2 派遣 3 パートタイム 4 有期雇用労働者 5 季節的雇用 6 船員 7 その他

13. 職種 04 （01～11 第2面参照）

14. 就職経路 2
 1 安定所紹介 2 自己就職 3 民間紹介 4 把握していない

15. 1週間の所定労働時間 20 時間 00 分

16. 契約期間の定め 2 （1 有 / 2 無）
 契約期間 平成 __ 年 __ 月 __ 日 から 平成 __ 年 __ 月 __ 日 まで
 契約更新条項の有無 （1 有 2 無）

事業所名 安田コンサルティング　備考

------- 17欄から22欄までは、被保険者が外国人の場合のみ記入してください。-------

17. 被保険者氏名（ローマ字）（アルファベット大文字で記入してください。）

被保険者氏名〔続き（ローマ字）〕

18. 国籍・地域

19. 在留資格

20. 在留期間（西暦 年 月 日）

21. 資格外活動許可の有無 （1 有 2 無）

22. 派遣・請負就労区分

※公共職業安定所記載欄

23. 取得時被保険者種類
 1 一般 2 短期雇用 4 高年齢（任意加入） 5 出向元への復帰（65歳以上） 等・高年齢

24. 番号複数取得チェック不要
 チェック・リストが出力されたが、調査の結果、同一人でなかった場合に「1」を記入。

25. 国籍・地域コード（18欄に対応するコードを記入）

26. 在留資格コード（19欄に対応するコードを記入）

雇用保険法施行規則第6条第1項の規定により上記のとおり届けます。

住所 大阪府貝塚市半田3-1-1
事業主 氏名 安田勝也　記名押印又は署名 印

平成 28 年 10 月 1 日

電話番号 072-437-6266

公共職業安定所長 殿

社会保険労務士記載欄	作成年月日・提出代行者・事務代理者の表示	氏名	電話番号
		印	

※	所長	次長	課長	係長	係	操作者

備考

確認通知 平成 年 月 日

2016. 1

■ 第6章 開業の形態と手続き ■

③ 労災保険

　こちらも、1人でも従業員を雇用したら、加入してください。労災保険のポイントは、業務中だけでなく通勤途中の事故も対象になることです。通勤中、どれだけ気をつけていても交通事故などの被害者になる可能性はあります。従業員を守るためにも、必ず加入しましょう。

　加入の際には、保険関係成立届を労働基準監督署に提出します。

3　法人の開業手続き

(1) 株式会社の設立手順と手続き

　ここではまず、株式会社の設立手順と手続きを説明します。

① 発起人会議を開催する（1人の場合は不要）

　株式会社を設立する際に決めておかなければいけない事項を決定するための会議です。会議の内容は、議事録に記載しておきます。ここで決定すべき事項は、次項で説明する定款に記載する内容と考えていいでしょう。

② 定款をつくる

　定款とは、決めごとを記載したものと考えてください。必ず記載しなければいけない項目（絶対的記載事項※）と相対的記載事項、任意的記載事項があります。定款の作成は、慣れないと難しいものです。インターネットや書籍などを参考にするのも手ですが、難しければ、会社設立を支援している行政書士、司法書士に相談しましょう。

　※絶対的記載事項
　　ア　目的
　　イ　商号
　　ウ　本店の所在地
　　エ　設立に際して出資される財産の価額またはその最低額
　　オ　発起人の氏名・名称および住所

③ 定款認証を受ける

作成された定款は、公証人の認証を受ける必要があります。認証は、公証役場にて行われます。

④ 会社印をつくる

認証が得られ、法務局に登記申請すると完了ですが、申請時に会社の実印を登録することになります。

⑤ 資本金を銀行に振り込む

資本金を、金融機関の口座（ここで言う口座は、個人名義のものです。設立前なので、会社名義の口座はまだ開設できません）に振り込みます。

⑥ 登記申請をする

必要書類を揃え、法務局で登記申請を行います。このときに④で作成した会社印を実印として届けることになります。

これで、会社設立の手続きは完了です。ここまで、最短1週間で行えます。

(2) 設立以降に必要な手続き

続いて、株式会社の設立以降に必要となる手続きを説明します。

① 登記簿謄本、印鑑証明書、印鑑カードの取得

登記がすんだら、法務局から登記簿謄本、印鑑証明書、印鑑カードを取得しておきます。これは、会社名義の口座の作成や許認可の申請時に必要になります。

② 口座開設

金融機関で会社名義の口座を開設します（口座開設は必須ではありません）。

③ 諸官庁への届出

税務署や関係機関に、必要な届出を行います。税務署に提出する主な書類は、以下の通りです。

・法人設立届出書
・給与支払事務所等の開設届出書
・たな卸資産の評価方法の届出書
・減価償却資産の償却方法の届出書

・青色申告承認申請書

あわせて、都道府県税事務所には事業開始等申告書を提出してください。社会保険関係の手続きも含め、個人事業主の手続きの場合と大きな違いはないため、記載例は省略します。

【参考】NPOの設立手順

ここでは、参考までにNPO設立の手順を紹介します。詳しくは、各都道府県のNPO設立関係の部署にお問い合わせください。都道府県名と「NPO設立」で検索すれば、担当部署のホームページを参照することができます。

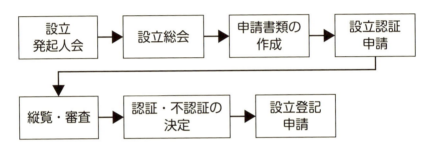

なお、NPOの活動は、法律で以下の20分野に限られています。
①保健、医療または福祉の増進を図る活動
②社会教育の推進を図る活動
③まちづくりの推進を図る活動
④観光の振興を図る活動
⑤農山漁村または中山間地域の振興を図る活動
⑥学術、文化、芸術またはスポーツの振興を図る活動
⑦環境の保全を図る活動
⑧災害救援活動
⑨地域安全活動
⑩人権の擁護または平和の推進を図る活動
⑪国際協力の活動
⑫男女共同参画社会の形成の促進を図る活動

⑬子どもの健全育成を図る活動
⑭情報化社会の発展を図る活動
⑮科学技術の振興を図る活動
⑯経済活動の活性化を図る活動
⑰職業能力の開発または雇用機会の拡充を支援する活動
⑱消費者の保護を図る活動
⑲前各号（①〜⑱）に掲げる活動を行う団体の運営または活動に関する連絡、助言または援助の活動
⑳前各号（①〜⑲）に掲げる活動に準ずる活動として都道府県または指定都市の条例で定める活動

（3）許認可関係の手続き

業種によって、許認可を得なければ営業できないことがあります。主な業種の許認可の申請先について、下表にまとめました。

業　種	申請先
理容・美容業	保健所
クリーニング業	保健所
旅館業（ゲストハウス、民泊含む）	保健所
食品関係の営業	保健所
薬局	都道府県
医薬品販売業（薬局以外）	保健所
廃棄物処理業	市町村、都道府県
倉庫業	運輸事務所
建設業	都道府県
自動車運送業	運輸事務所
自動車分解整備事業	運輸事務所
労働者派遣事業	労働事務所
電気工事業	都道府県、経産事務所
旅行業	都道府県、国交事務所
介護保険関係事業	都道府県

第7章 補助金だけじゃない！創業支援制度の概要

　第7章では、創業に対して国などが実施している支援制度について説明します。支援制度と言えば、まず補助金を思い浮かべる人も多いでしょう。確かに、創業に際して一番大きな課題は、資金調達かもしれません。でも、支援制度には、資金に関するもの以外にも、さまざまなものがあります。解説を読んで、ぜひ活用してください。

1 さまざまな支援制度

(1) 相談・アドバイスの支援

　各自治体や支援機関などで、創業に関する無料相談が受けられます。創業前はもちろん、創業後でも受けられますので、積極的に活用しましょう。

① **各自治体による支援**

　地域において創業を支援することは、さまざまなメリットがあります。1つは新しい企業が生まれることが経済の活性化につながること、もう1つは雇用の創出です。そのため、創業支援体制を整備する動きが全国に広がっています。

　各自治体の相談窓口は、下記のホームページにまとめられています。皆さんが住んでいる場所、あるいは創業予定地の自治体の窓口を確認しておきましょう。また、こちらのホームページでは、各自治体の創業支援事業計画の概要が参照できるようになっています。

　　●ミラサポホームページ
　　https://www.mirasapo.jp/starting/specialist/chiikimadoguchi.html

② **商工会議所・商工会による支援**

　商工会議所は市や特別区の区域、商工会は主として町村の区域に設けられています。ともに中小企業の支援を主な事業の1つとしており、経営指導員と呼ばれる職員からアドバイスが得られるほか、創業塾や創業セミナーなどの講習・セミナーを実施しています。安価で創業のイロハが学べるほか、創業者仲間ができる魅力的な事業です。詳しくは、各商工会議所、商工会のホームページを確認してください。市町村名と「商工会議所」または「商工会」で検索すれば、すぐにホームページが見つけられます。

(2) オフィス等施設の提供

　創業準備中や創業後間もない個人や企業が活用できるインキュベーションオフィスと呼ばれる施設があります。利用しやすい賃料に設定されているこ

とが多く、インキュベーションマネージャーから創業に関するアドバイスが得られます。入居には審査があり、入居期間に制限があることもありますので、各インキュベーションオフィスに確認してください。

(3) インターネットによる情報提供

創業に関する情報は、支援機関や民間企業がさまざまな形で提供しています。いくつか参考になるホームページを紹介します。

● J-Net21（http://j-net21.smrj.go.jp/）

J-Net21は、中小企業基盤整備機構が運営する創業者や中小企業のためのポータルサイトです。トップページから「起業する」をクリックすれば、創業者向けのコンテンツを参照することができます。

● ちょこっとゼミナール（http://chokozemi.smrj.go.jp/）

こちらも、中小企業基盤整備機構が運営する情報サイトです。特徴は、ゼミナールという名前が示す通り、講座の動画配信が中心になっているところです。創業者向けの動画も提供しています。それぞれの講座は10分程度とコンパクトにまとめられており、受講しやすいように配慮されています。

2 融資制度の活用

(1) 日本政策金融公庫による融資

日本政策金融公庫は、100％政府出資の金融機関です。銀行などの一般的な金融機関を補完する目的で設立されました。創業者向けの融資制度や、中小企業向けの融資制度などを提供しています。

(2) 制度融資

創業準備中、または創業後間もない企業は実績・信用力に乏しく、一般の金融機関からの融資を受けにくい状況にあります。そのため、国・自治体などが金融面で支援を行うのが制度融資です。融資そのものを行うものと、民間金融機関が融資を行う場合に国・自治体が信用力を補完するもの（信用保証）があります。

信用保証では、中小企業が一般の金融機関から融資を受ける際、その債務を保証します。融資を受けたい創業者や企業の信用力を補完する効果がありますが、別途、保証料がかかります。

(3) 新創業融資制度等

　新創業融資制度は、日本政策金融公庫が提供する制度融資の1つで、創業者が無担保・無保証人で利用できます。

　日本政策金融公庫では、新創業融資制度以外にもさまざまな融資制度を提供しています。活用する制度を事前に決めておく必要はなく、窓口に相談にいけば、どの融資制度が最適か教えてくれます。安心して相談にいくといいでしょう。

3 創業補助金

(1) 創業補助金とは

　創業補助金は、創業または第二創業（いわゆる代替わり）を行う場合に活用できる補助金です。ただし、申請すれば受けられるというものではなく、審査を受け採択されなければなりません。

(2) 補助金額、補助率

　補助金額は、100万円から200万円までです。人件費や原材料費など、補助対象経費が定められています。それらの経費のうち、3分の2までが補助されます。

(3) 採択されるためのポイント

　創業補助金は年々採択率が低下しており、採択は難化傾向にあります。採択されるためには、募集要項の熟読が必要です。募集要項は、ページ数が多く、難しい言い回しが使われているので、熟読には時間がかかりますが、蛍光マーカーなどを片手にいろいろと書き込みながら読み進めていきましょう。提出書類とその記載要領、審査のポイントについては、特に注意してください。

■ 第7章　補助金だけじゃない！　創業支援制度の概要 ■

　多くの補助金制度では、複数の審査員が申請書を読みながら採点シートを使って点数づけを行っていきますが、その採点シートは、審査のポイントと密接に関連しています。そのため、申請書を作成する際は、審査のポイントとして記載されている項目が審査員によく伝わるように配慮しなければなりません。

　平成28年度の創業補助金の審査のポイントは、次のように記されています。

※参照：https://sogyo-hojo-28.jp/assets/files/bosyuuyoukou_28sougyo_0426.pdf

1．事業の独創性
　技術やノウハウ、アイディアに基づき、ターゲットとする顧客や市場にとって新たな価値を生み出す商品、サービス、又はそれらの提供方法を有する事業を自ら編み出していること。
2．事業の実現可能性
　商品・サービスのコンセプト及びその具体化までの手法やプロセスがより明確となっていること。
　事業実施に必要な人員の確保に目途が立っていること。販売先等の事業パートナーが明確になっていること。
3．事業の収益性
　ターゲットとする顧客や市場が明確で、商品、サービス、又はそれらの提供方法に対するニーズを的確に捉えており、事業全体の収益性の見通しについて、より妥当性と信頼性があること。
4．事業の継続性
　予定していた販売先が確保できないなど計画どおりに進まない場合も事業が継続されるよう対応が考えられていること。
　事業実施内容と実施スケジュールが明確になっていること。また、売上・利益計画が妥当性・信頼性があること。
5．資金調達の見込み
　金融機関の外部資金による調達が十分見込めること。

また、創業補助金は申請書の記載要領も提供されており、メインとなる「①事業の具体的な内容について」の部分に関しては、次のように記載されています。

> 　事業の具体的な内容を、第三者に分かるように図表やグラフなども活用しながら記載してください。業種、業態、商品、サービス内容、ターゲット層、取り組みや提供方法など、業界の統計的なデータ等を用いた一般的な記載のみではなく、実施する事業の特徴を具体的に記載してください。
> 　以下のポイントについても、留意して記載してください。
> - 商品・サービスのセールスポイントは何か。どこに特徴があって、今までのものと何が違うのか。
> - その地域において期待されている需要に対して、既存の事業者では充足できていないと考えるポイントは何か。また、需要が顕在化していない場合は、どのような取り組みによって、需要の創造を行っていくのか。
> - 原材料や商品の仕入れ計画、生産計画、価格設定、販売計画など本事業を継続的に実施していく上で必要となるもの及びそれらを実施する際の体制について、どのように考えているか。
> - 本事業を行う上で想定される課題や問題点は何か。それに対し、どういう解決策を考えているか等。
>
> 　上記の他、以下についても記載ください。
> - 応募者が既に類似の事業を行っている場合は、既存の事業との相違点
> - フランチャイズ契約を締結し行う事業の場合は、当該地域における類似事業と差別化している点

　以上のことから、「①事業の具体的な内容について」に記載すべき見出し項目を書き出すと、次ページのようになります。このように、募集要項や記載要領からあらかじめ記載すべき項目を見出しとして書き出しておけば、書き漏らす心配がないだけでなく、審査員にとっても読みやすい申請書をつくることができます。

1. 事業説明
   （ア）事業概要
   （イ）業種、業態
   （ウ）商品・サービスの内容と独創性について
   （エ）ターゲット層
   （オ）提供方法
2. 商品・サービスのセールスポイント
   （カ）特徴
   （キ）既存のものとの相違点
3. 地域需要との関係
   （ク）地域において期待されている需要
   （ケ）既存事業者との違い・優位性
   （コ）需要の顕在化の有無と需要創造の必要性
4. 関連する計画と実施体制
   （サ）原材料・商品の仕入れに関する計画
   （シ）価格設定と収益性
   （ス）販売計画
   （セ）その他の計画
   （ソ）実施体制
   （タ）事業の実現可能性について
5. 課題・問題点とその解決策
   （チ）課題や問題点
   （ツ）解決策

（4）補助金活用の注意点

最後に、創業補助金などを活用する際の注意点をまとめておきます。

① 補助金ありきで考えない

補助金は募集の時期が決まっており、毎年実施されるとは限りません。そのため、補助金が活用できれば幸運だったぐらいに考えておくことが重要です。採択されなかったからといって、あわてないようにしてください。

② **立替払が必要**

補助金は、創業に際して実際に支出した金額をもとに計算され支払われます。そのため、支払までは自らの資金で立て替える必要があります。採択後、すぐに支給されるものではないことに留意してください。

③ **採択後の事務手続き**

採択されるまでも大変ですが、採択された後の事務手続きはもっと大変です。支出に基づいて支払われるため、支払を裏づける見積書、契約書、納品書、請求書、振込の証拠書類などを項目ごとに整理する必要があります。これらの事務処理に相当の時間がとられることを、あらかじめ考慮しておいてください。

第8章
事業に関する会計処理
―― 決算や納税ってどうやるの？

　第8章では、個人事業者と株式会社、それぞれの会計処理の進め方について解説しています。また、消費税についても、課税対象となる条件や簡易課税など、さまざまな仕組みを見ていきます。個人事業の場合は、手続きを税理士等に任せず、自分でトライしてみるのもいいでしょう。

1　個人事業の会計処理の進め方

　ここでは、個人事業の会計処理の進め方について説明します。

(1) 会計処理のスケジュール

　個人事業の場合、会計期間が定められており、1月1日から始まり12月31日で終了します。この1年間の収益の状況を取りまとめ、3月15日までに税務署に対して確定申告を行います。

(2) 創業時に行うべきこと

①　記帳指導の受講

　創業時の手続きに税務署に行った場合、記帳指導を受けられる場合があります。また、地元の商工会議所や商工会、納税協会などが同様の研修を行っている場合も多いので、一度調べてみてください。

②　会計ソフトの準備

　確定申告には青色申告と白色申告があり、青色申告は65万円の所得控除が受けられます。そのため、ぜひ青色申告に挑戦したいところですが、難しそうなイメージもあります。そんなときに頼りになるのが、会計ソフトです。最近は、使い勝手がよく簿記の知識がなくても利用できる会計ソフトが多く、青色申告にも対応しています。

③　記帳代行や税理士への依頼の検討

　自分で会計処理を行う自信がない場合は、記帳を代行してくれるサービス業者に依頼することも検討しましょう。また、税理士が記帳代行をあわせて実施している場合もあります。

(3) 1年の間に行うべきこと

①　仕訳の入力

　売上や経費を、会計ソフトに入力します。毎日行うことが理想ではありますが、1ヵ月分まとめて入力するなど、自分のペースに合わせて行うといいでしょう。また、週に2〜3時間だけ、仕訳の入力をしてもらうためにアル

バイトを雇用している人もいます。

② **領収書等の整理**

経費を使った場合には、可能な限り領収書をもらうようにしましょう。もし、領収書がない場合も、レシートなどを保管しておきます。電車やバスの運賃など少額のものは、メモやノートに記録を残しておくといいでしょう。

領収書の整理の仕方はさまざまですが、日付順にノートなどに貼り付けて管理する方法がおすすめです。

③ **自家消費との按分**

賃貸マンションの一室を事務所として利用する場合、家賃の一部（面積や部屋数で算出）を経費にすることができます。同様に、水道代、電話代、電気代等も経費に算入できます。あらかじめ定めた率で計上するようにしましょう。

（4） 1年が終わったら

① **決算整理**

年間の仕訳の入力以外、年に一度だけ計上するものがあります。それは、減価償却費と貸倒引当金です。減価償却についてはすでに説明ずみですので、貸倒引当金について説明します。

相手に請求した金額（売掛金）のうち、いくらかは回収ができなくなる可能性があります。その分を、あらかじめ費用として計上しておくのが、貸倒引当金です。売掛金の5.5％にあたる金額を計上できます。

② **確定申告書の作成**

1年間の仕訳と上記の決算整理をしておけば、あとは会計ソフトが自動でやってくれます。作成された確定申告書を税務署に郵送または持参するか、電子申告（e-Tax）を利用することも可能です。

2 株式会社の会計処理の進め方

次に、株式会社における会計処理の進め方について説明します。

(1) 会計処理のスケジュール

　個人事業と違い、株式会社の場合、会計年度を自分で定めることができます。ここでは、4月1日開始の場合で説明します。3月31日に会計年度が終わったら、2ヵ月以内に申告しなければなりません。そのため、5月31日が申告期限となります。

　この2ヵ月の間に行うことは、次の通りです。
　①確定した決算書類を監査役に提出
　②監査役または監査役会が監査報告書を作成し、取締役または取締役会に提出
　③取締役会の承認
　④定時株主総会の招集通知の発送
　⑤定時株主総会の実施
　⑥法人税等の申告

(2) 創業時に行うべきこと

　個人事業と異なり、決算処理に必要な専門知識も多いため、税理士に依頼することをおすすめします。

　税理士の選定については、インターネットや商工会議所・商工会などから情報を集め、何人かの税理士に連絡をとり、提案と見積もりを受けてください。その内容と税理士の人柄なども含めて考慮し、決定しましょう。ポイントは、以下の通りです。

　・提案内容に必要な業務が含まれているか
　・価格が納得いくものか。追加料金などが明確か
　・説明が的確でわかりやすいか
　・経営上のアドバイスが得られそうか

(3) その他

　年間に行うべきことは、個人事業の場合と同じです。決算処理については税理士に依頼することで、スムーズに進めることができるでしょう。

3 消費税について

（1）消費税の納付と還付

　消費税は、売上等で預かった分から仕入等で支払った分を差し引いた余りを納付する形になります。

　支払った方が多い場合は、還付を受けることができます。赤字であったり、大きな設備投資を行ったりした場合は、還付が受けられる可能性がありますが、還付のための申告をしなければなりません。また、消費税課税事業者でなければ還付を受けることができませんので、注意してください。

（2）消費税の納税対象者

　年間の売上高が1,000万円以下の個人事業主、法人は消費税の支払が免除されます。この「年間」は、前々年度の売上高で判断されます。

	平成28年度	平成29年度	平成30年度	平成31年度
売　上	900万円	1,100万円	800万円	900万円
消費税	免　除	免　除	免　除	課　税

　上の表をご覧ください。ある人が、平成28年度に創業したとします。消費税の納税対象者であるかないかは前々年度の売上高で判断します。前々年度は平成26年度となり、創業前で売上高はありません。そのため、消費税は免除です。

　次の平成29年度についても同じで、前々年度は創業前ですから免除です。平成30年度は、前々年度（平成28年度）の売上高が900万円と1,000万円以下ですので免除です。平成31年度は前々年度（平成29年度）の売上高が1,100万円と1,000万円を超えているため、消費税は課税されます。

　では、その次の平成32年度はどうでしょうか。前々年度（平成30年度）は売上が下がり、1,000万円以下の800万円となっていますので、消費税は再び免除となります。

ちなみに、免除期間中も商品の価格には消費税を加算してください。なぜなら、課税は免除されていても、仕入などの際に消費税を支払っているからです。

(3) 特定期間に注意

　ただし、特定期間という例外があります。これは、前年度の前半6ヵ月間に売上高が1,000万円を超えた場合は、消費税が課税されるというものです。前ページの表の場合、通常、平成30年度は免除となりますが、もし平成29年度の売上高1,100万円のうち、前半の6ヵ月ですでに1,000万円を超えていた場合は課税対象となってしまいますので、注意してください。

(4) 簡易課税という方法

　このように、預かった分から支払った分を差し引いて納税するのが消費税ですが、計算が複雑で難しい場合には、簡易課税という方法をとることができます。簡易課税では、次のようにみなし仕入率が定められています。

第一種事業（卸売業）	90%
第二種事業（小売業）	80%
第三種事業（製造業等）	70%
第四種事業（その他の事業）	60%
第五種事業（サービス業等）	50%
第六種事業（不動産業）	40%

　例えば、小売業であれば、仕入は売上の80%とみなされ、手元に残るのは残りの20%です。そこで、消費税は以下のように計算します。

　　小売業の消費税納付額＝課税売上高×税率×20%

　実際の仕入率と定められた仕入率を比較して、トクな方を選択することも可能です。ただし、簡易課税制度を選択した場合、2年間は継続する必要があり、毎年変更することはできません。

4 個人事業主の会計についてのQ&A

　ここでは、個人事業主が自ら会計を行う場合に多く寄せられる質問にお答えしていきます。

質　　問	回　　答
屋号の口座開設は可能か？	金融機関によって対応が異なります。多くが「屋号＋代表者名」で開設となっています。
口座は個人用と事業用とを分けた方がいいか？	分けた方がいいでしょう。事業用は入金確認や振込処理などの頻度も多くなりますので、ネットバンキングが利用しやすいものをおすすめします。事業用は有料になっている金融機関もありますので、金融機関の選択には注意してください。
個人用のクレジットカードで消耗品などを購入した場合はどう処理すればいいのか？	事業主借という勘定科目を使って仕訳を入力します。
個人と事業と兼用で使っているものはどう処理すればいいのか？	経費をその使用割合で按分してください。地代家賃は事業用として占有している部分の割合、車なら平均で乗車する時間や日数などで算出します。
食事代は経費になるのか？	事業主だけでの食事は経費になりません。顧客や仕入先との打ち合わせを兼ねた食事であれば会議費、従業員とであれば福利厚生費、顧客とお酒を飲んだ場合は接待交際費です。個人事業主の場合、接待交際費に上限や制約はありません。
新聞代や雑誌代は経費に算入できるか？	一般紙、スポーツ新聞、漫画などは経費にできませんが、業界に関する新聞や雑誌は経費にできます。仕事に必要かどうかがポイントになります。そのため、スポーツライターがスポーツ新聞を経費で購入したり、漫画家が研究のために漫画を購入することは可能です。
資格取得費用は経費に算入できるか？	これも、仕事に必要かどうかで判断します。海外進出や海外からの仕入に必要だから英会話を習うような場合は経費になります。

スーツ代は経費に算入できるか？	これまで、税務署に問い合わせると、「認められない」という回答が多かったのですが、会社員の「特定支出控除」に衣服が含まれるようになった影響で、「事業でしか使わないのであればOK」や「私用の着用ときちんと按分するならOK」という回答に変わってきました。
取引先に渡すご祝儀やお香典はどうなる？	渡す相手が取引先の場合は、経費になります。もちろん、領収書はもらえませんので、日付、渡した相手、金額を記録しておきましょう。

第9章 人材をどう集め、どう育てるか

　「企業は人なり」という言葉に表されるように、企業の最大の武器は人材です。1人だけで事業を進められる場合を除き、ともに働いてくれる人材をいかに集め育てるかが、事業成功のカギとなります。そこで、第9章では、人材の募集や教育の方法について解説していきます。信頼し合える仲間とともに、事業を通して多くの人に喜ばれる企業を目指しましょう。

1　人材募集・採用の方法とポイント

（1）募集・採用に必要な知識
　創業に際し、必要な人材を募集したり採用したりする場合、労働基準法をはじめとした労働法規を守ることが大切です。ここでは、知っておくべき事柄をまとめておきます。
① **労働契約**
　労働契約は、雇用する側と雇用される側が取り交わす契約です。ものを買うときは売買契約ですが、雇用の場合は労働契約と呼ばれます。
② **労働契約の基本原則**
　労働契約には、4つの原則があります。これらに基づいて、労働者の権利を守ることも大切です。
【原則1】労使対等の立場によること
　労働者と使用者が対等な契約を結ぶことが大切で、使用者の力を利用して、労働者に不利な契約を強いてはなりません。
【原則2】就業の実態に応じて、均衡を考慮すること
　これは、労働者間で不公平がないようにする原則と理解してください。同じ仕事をしているのに正社員とアルバイトで著しく給与が異なる場合などは、均衡がとれているとは言えません。
【原則3】仕事と生活の調和に配慮すること
　いわゆる「ワークライフバランス」のことです。労働者は、働く機械ではありません。給与を支払っているからといって、常に仕事を優先させることはできません。労働者は、金のためだけに働いているわけではないのです。それは、あなたも同じはずです。
【原則4】信義に従い誠実に行動し、権利を濫用してはならないこと
　労働契約は契約である以上、その内容を守らなければなりません。契約に定めた労働時間を超えてサービス残業をさせるようなことは、権利の濫用に

③ 書面による労働条件の明示

労働契約において、労働条件を書面で明示することが義務付けられています。必ず、労働契約書として書面を取り交わすようにしてください。様式の例については、後で紹介します。

④ 労働契約の種類と契約期間

労働契約は、契約期間の有無によって「期間の定めのない契約」と「期間の定めのある契約」に分けられます。契約期間は上限3年ですが、専門的な知識のある労働者、または満60歳以上の労働者との労働契約については、5年となっています。

⑤ 賃金

使用者が最低限支払うべき賃金として、最低賃金が定められています。毎年改正され、10月から適用される場合が多くなっています。最低賃金で検索すれば、厚生労働省のページにたどりつきます。確認しておいてください。

⑥ 労働時間と残業等の手当

労働時間は1日8時間、1週間で40時間以内と定められています。それを超えて労働させる場合は協定書が必要で、残業手当を支払わなければいけません。残業手当は、1時間あたりの賃金に対して25％アップとなります。

深夜労働（午後10時〜午前5時）についても、同じく25％アップとなります。時間外でかつ深夜労働となると、合計50％アップで計算します。また、休日労働は35％アップとなり、休日の深夜となれば合計60％アップとなります。

⑦ 労働契約の終了

解雇は、客観的に合理的な理由があって、社会通念上相当と認められる場合のみ可能です。やむを得ず解雇を行う場合、30日前に予告を行うか、解雇予告手当（30日分以上の平均賃金）を支払うことが必要です。

契約期間の定めのある労働者について、繰り返し契約が更新されており、実質的に契約期間の定めのない契約と異ならない場合は、期間満了によっても解雇できない場合があるので注意してください。

(2) 雇用形態

求人の際には、正社員、アルバイト、契約社員など、雇用形態も考えなければいけません。

① 正社員

契約期間の定めのない従業員のことです。長期的な人材育成に取り組みたい場合に一番向いています。

② 契約社員

契約期間の定めのある従業員で、その他の条件は正社員と同じです。

③ パートタイマー、アルバイト

契約期間の定めがあり、労働時間や日数が少ない従業員です。

④ 派遣社員

派遣会社から派遣された従業員のことです。雇用関係はなく、派遣会社との派遣契約に基づき派遣されます。コストは正社員より高くなる場合もありますが、即戦力が得られるメリットがあります。また、適応できなければ人を替えてもらうことも可能です。

(3) 採用の方法

採用には、ハローワークや有料求人広告以外にも、さまざまな方法があります。

① 知人や従業員からの紹介

業務内容を理解したうえでの紹介になる場合が多く、ミスマッチが少ないことが特徴です。ただし、断りにくくなる場合もあります。従業員からの紹介では、個人間のトラブルを社内に持ち込まれるなど、問題が発生するケースもあります。

② ハローワーク

無料で人材を紹介してもらえます。最近では、ハローワークに掲載した求人情報が有料求人サイトにも掲載されることがあるので、幅広く人材を募集することが可能になりました。ハローワークを経由して採用した場合に支給される助成金もいくつかあります。

③ **有料求人広告**

コストがかかりますが、新聞、雑誌、ネットなどに掲載されることの最大のメリットは、在職中で転職を考えている人の目にとまることです。基本的に失業中の人が対象のハローワークとは異なり、在職中の人へのPRができます。

④ **ホームページ**

ホームページも求人活動に効果がありますが、ハローワークや有料求人広告とあわせて活用すると効果的です。ハローワークなどで求人内容を確認した後、ホームページで会社概要や業務内容などを確認する人が増えているからです。

⑤ **人材紹介会社**

人材紹介に特化した企業に依頼する方法です。業務内容にマッチした人材を紹介してもらえますが、多くの場合、紹介料が高額になります。

⑥ **派遣会社**

派遣会社から、派遣社員を紹介してもらう方法です。繁忙期などにスポットで来てもらったり、業務内容にマッチした人を紹介してもらうこともできます。

⑦ **学校求人（新卒採用）**

大学や専門学校などに求人する方法です。即戦力にはなりませんが、自分の職場のカラーに合った人材を一から育てることが可能です。将来の幹部候補などを長期的に育成したい場合に向いています。高校の新卒採用は、ハローワークを経由して行います。

（4）選考

求人に対して申し込みがあれば、選考を行います。選考には面接も含め、さまざまな方法があります。

① **履歴書と職務経歴書（書類選考）**

応募者には、履歴書や職務経歴書を提出してもらいましょう。学歴や職歴、保有資格などを確認します。

職歴については、職を転々としていたり、長い空白期間があったりした場合は、その理由を確認するべきです。
　保有資格について、その所持が必須であれば、免許証や合格証書なども提示するようにしてもらいましょう。
　履歴書や職務経歴書は、求職者の姿勢を確認するためにとても重要な書類です。手書きの場合は、丁寧に書かれているかどうか確認しましょう。誤字脱字が修正液や二重線で修正されている場合、仕事に対する姿勢が疑われます。パソコンでつくられた履歴書の場合、誤字脱字はもちろん、行頭が揃っているか、使用している字体は適切かどうか確認しましょう。押印がきれいにされているかどうかも、姿勢の確認につながります。
　ある程度のパソコン操作能力を求める場合は、履歴書は手書き、職務経歴書はパソコンで準備してもらうことをおすすめします。これで、姿勢と能力の両方を確認することができます。

② **面接**

　面接は、選考の際に必ず行われる方法の1つです。履歴書や職務経歴書を見ながら応募者にさまざまな質問をするわけですが、質問はあらかじめ準備しておくことをおすすめします。面接でよく使用される質問を、以下にまとめてみました。これを参考にしながら、質問集にまとめて面接に取り組んでください。

【序盤での質問（面接に臨む姿勢を確認）】
　・自己紹介をお願いします
　・前職では、何をされていましたか
　・前職の退職理由を教えてください
　・当社の志望理由を教えてください

【中盤の質問（受け答え能力、自己PR力を確認）】
　・あなたの長所や短所を教えてください
　・これまでの仕事には、どのような不満がありましたか
　・採用されたら、どのように力を発揮したいですか

【労働条件についての質問】
- 転勤は可能ですか
- 残業や休日出勤は大丈夫ですか
- 希望していない部署へ配属されたらどうしますか

【職務経験についての質問】
- 職歴にブランクがある理由を聞かせてください
- これまでで一番やりがいを感じた仕事は何ですか
- 逆に、向いていないと思った仕事は何ですか

【終盤の質問】
- 志望する企業の選考基準は何ですか
- 希望の年収や労働条件を教えてください
- 何か質問がありますか

③ 適性検査等

面接だけでは、応募者の性格などすべてを理解することは難しいでしょう。そのために利用するのが、適性検査と呼ばれるものです。さまざまな適性検査が提供されています。ここでは、代表的なもの3つを紹介します。

● SPI（http://www.spi.recruit.co.jp/）

リクルートにより提供されている適性検査です。性格や能力を測定することが可能です。

● PI（https://jinzai.diamond.ne.jp/test/dpi/）

ダイヤモンド社による適性検査で、職場対応能力を測定することが可能です。

● CUBIC（http://www.agp.co.jp/product01.html）

株式会社エージーピーによって提供されている適性検査で、性格と能力を測定することが可能です。

他にも多くの適性検査が存在します。面接ではどうしても第一印象などの主観的な判断に偏りがちですが、こうした客観的な判断材料を組み込むことで、ミスマッチを防ぐことができます。

(5) 採用手続き

　選考を経て採用に至る場合は、労働契約書を取り交わします。次ページに様式例を掲載します。次にあげる項目は、労働契約書に必ず記載しなければいけない絶対的明示事項とされています。

① 雇用期間

　期間の定めの有無について記載します。定めがある場合は、契約期間を記載します。また、試用期間（本採用の前に、人材の適性を確かめる期間）がある場合は、その期間も記載します。

② 就業場所と業務の内容

　就業場所については転勤の可能性の有無について、業務についても配置転換の可能性を記載しておきます。

③ 始業終業の時刻、休憩時間や時間外労働の有無など

　1日の就業時間は8時間以内で、1週間では40時間までです。休日については、週に1回または4週間で4回の法定休日を与えることが定められています。そうしたことを考慮して、始業終業の時刻や休日を設定しましょう。

④ 賃金の額、計算、支払の方法など

　労働者が自分の賃金をきちんと計算できるように条件を明示します。基本給や手当、さらには割増賃金についても定めます。給与計算の締日、支払日についても記載します。

⑤ 退職

　退職に関する事項です。期間の定めのない場合には定年の条件について記載します。現在は、法律で65歳までの継続雇用制度の設置が義務付けられています。

　これら以外に、昇給に関する事項も絶対的明示事項とされていますが、労働契約書（書面）による明示は義務づけられていません。また、労働契約には、退職金や賞与など、明示をすることで効力を生ずる相対的明示事項もあります。

　労働契約に合わせて、税務や社会保険関係の手続きも実施してください。

■ 第9章 人材をどう集め、どう育てるか ■

労働契約書

氏　名		生年月日	年　　月　　日
住　所	〒　　　　　　　　　　　　　　　　　　　　　　　　　TEL　　（　　）		

以下の条件で労働契約を締結します。

雇用期間	有	年　月　日　〜　年　月　日 更新について　有（　　　）・無	無
就業場所	住所 　　　　　　　　　　　　　　　転勤の有無　有（　　　）・無		
仕事の内容	配置転換　有（　　　）・無		
就業時間	時　分　〜　時　分まで		
休憩時間			
休　日	毎週　　　曜日　または　　シフト制		
時間外労働 休日労働 深夜労働	時間外労働　有（割増率　　％）・無 休日労働　　有（割増率　　％）・無 深夜労働　　有（割増率　　％）・無		
賃　金	基本給	月給（　　　円）　　日給（　　　円） 時給（　　　円）	
	諸手当		
	賃金締日	日	
	賃金払日	日	
	昇給	有（時期　　　　　）　　　無	
	賞与	有（時期　　　　　）　　　無	
	退職金	有（条件　　　　　）　　　無	
退　職	期間の定め　無：定年60歳誕生日翌日　有：期日到来日		
その他	最大65歳までの継続雇用制度有		

使用者　住所　_____
　　　　電話番号　_____
　　　　社名　_____
　　　　代表者名　　　　　　　　印

2 人材教育の心得

　企業にとって、人材は宝です。すべての人が無限の可能性を秘めているからです。では、その可能性を引き出すために、どうしていけばいいでしょうか。
　ここからは、採用した人材をともに夢を追いかける仲間に育てるための心得を紹介します。

(1) 信頼関係の構築

　従業員の育成において最も大切なことは、信頼関係の構築です。信頼とは文字通り、「信じて頼る」ことです。お互いに信じ合い、頼り合う関係を継続することが、信頼関係を構築する唯一の手段です。その中で大切なことは、次の2つです。

① 信じること

　「信じる」とは、どういうことでしょうか。逆の「信じられない」を考えれば、すぐに答えが出てきます。信じられない人とは、嘘をつく人と時間を守らない人です。だから、信じてもらうためには嘘をつかないことと時間を守ること、それをお互いに守っていきましょう。

② 頼ること

　自分でやった方が早いからと、人に頼まず自分で動いてしまう人がいます。効率だけを考えればそれが正しいのかもしれませんが、相手から仕事を取り上げてしまうことは、「頼られる機会」、「成長する機会」、「感謝される機会」を奪っていることになります。思い切って、人を頼りましょう。そして、その人が失敗したときにカバーできる余裕を持ちたいものです。

(2) 目標・夢の共有

　信頼関係の次は、目標や夢の共有です。企業は決して仲良しクラブではなく、深い信頼関係を持つチームであるべきです。では、チームとは何でしょうか。共通の目標に向かって、団結して取り組むのがチームです。そのために必要なことは、目標や夢、そして団結力です。特に創業期においては、夢

を語るべきでしょう。

　数字ばかりの目標では、人はついてきません。夢を語り、共感してもらうことが大切です。残念ながら、「夢の描き方」のマニュアルはありません。自らの仕事で誰が喜ぶか、その人の未来はどうなるのかなど、大きな視点で考えてみるといいでしょう。

(3) 団結力を育てる

　信頼関係ができ、目標や夢が共有できれば、あとは団結力が重要になってきます。団結力を高めるために必要な要素は、次の5つです。

①　共有
　起こった出来事、発生した問題など、良いこと悪いことすべてを共有します。

②　質問
　プライドなどに邪魔されて、知らないことを尋ねられない人がいます。バカにされたらどうしようと、不安になるのかもしれません。しかし、夢に向かって団結力を高めるには、人からの質問を絶対に否定しない組織であるべきです。知らないことがあれば、先輩後輩、上司部下関係なく質問ができる風土にしていきましょう。

③　意見
　①のように出来事や問題を「共有」したうえで、意見を求め合いましょう。上司から部下に、「○○が起こったんだ。どうしたらいいと思う」などと尋ねます。「僕は○○したらいいと思うんだけど、他にいいアイデアはないかな」と、あえてベストではないアイデアを自分の意見のように添えて尋ねると効果的です。

④　支援
　いつでも相手に協力する風土が大切です。何か問題が起こったとき、相談がなかったと怒り出す人がいますが、相手からすれば、相談して怒られることがイヤだったのかもしれません。そこで、相談しやすい雰囲気をつくるなど、相手に協力する姿勢を見せることが大切になります。

ちなみに、「怒る」とは、自分の感情をさらけ出すことですから、あまりおすすめできませんが、「叱る」ことは相手のためにすることですから、必要に応じて行うべきです。

⑤ 失敗

　失敗しない人を、優秀な人だと考えていないでしょうか。挑戦しなければ、失敗はありません。しかし、成長もできません。挑戦と失敗は、人が成長するために必要なことなのです。失敗をチャレンジした結果と認め、再チャレンジを後押しするような風土をつくってください。「がんばったけど、惜しかったな」と、相手のチャレンジを認める一言を投げかけてアドバイスするといいでしょう。

　また、切羽つまった状態では、失敗もできません。日々の業務をあまり詰め込みすぎないで、失敗できる余裕を持ちたいものです。

第10章 ITを効果的に活用する

　創業したら、販路開拓に、インターネットなどのITを活用したいと考えている人は多いでしょう。ITは、うまく利用すれば、大きな効果が得られます。第10章では、ホームページやブログ、ネットショップの活用はもちろん、SNSやクラウドについても解説します。ITを活用して、スタートアップにつなげていきましょう。

1 IT 活用と AIDMA、AISAS

　第3章で、AIDMA と AISAS について説明しました。これらは、お客さんが商品を購入するまで、あるいは購入した後で知り合いと情報を共有していくまでの流れを表したものです。この流れを検討したときに、ホームページをはじめとしたインターネットの活用が項目としてあがった場合は、必ず準備していかなければなりません。逆に、その中に登場しなかったインターネットサービスは、たとえ流行りであっても活用する必要はないのです。

　特に、SNS はどんどん新しいサービスが出てきます。何から何まで手を出していては、時間がいくらあってもたりませんので、的を絞って活用するようにしましょう。

2 ホームページ、ブログでの情報発信

　ここではまず、皆さんが創業するに際しお客さんをつかむために行う情報発信のうち、ホームページやブログの活用について説明します。

(1) ホームページの開設

　ホームページを開設しようとした場合、まず登場するキーワードが、「ドメインネーム」と「レンタルサーバー」です。この2つを解説しましょう。

① ドメインネーム

　ドメインネームは、「yahoo.com」、「rakuten.co.jp」、「google.com」、「amazon.com」など、ホームページに付けられたアドレスのことです。「URL」と言う場合もあります。それぞれ正確な意味は微妙に異なりますが、おおむね同じと思って構いません。日本国内では「○○○.com」、「○○○.jp」、「○○○.co.jp」の3つがよく使われます。

　仮に、私が自分の屋号を使って「yasudaconsulting.com」というドメインネームにしたいと考えたとします。手続きを踏んで申し込めば使えるように

なりますが、すでに誰かが同じドメインネームを使っていた場合は使用できません。それなら、後ろの「com」を「jp」に変えてはどうかと検討するのです。

② レンタルサーバー

ドメインネームとセットで考えてほしいのが、レンタルサーバーです。これは、ホームページやメールなどのデータの置き場所のことです。店舗に例えると、ドメインネームは看板になります。看板をつくれば、それを掲げる場所が必要になります。その場所のことを、レンタルサーバーと言います。

③ ドメインネームとレンタルサーバーの契約

ホームページを開設する際には、ドメインネームとレンタルサーバーが必要となります。ドメインネームなしで開設することも可能なのですが、看板なしで店舗を構えるようなものです。やはり、自分のオリジナルのドメインネームを用意するべきでしょう。

ホームページ作成業者に依頼した場合、こうした契約も一緒にやってくれることが多いようです。値段に納得できれば、依頼してもいいでしょう。ここからは、自分で契約してみたいという人向けに説明します。

まずはドメインネームですが、おすすめは「ムームードメイン（https://muumuu-domain.com/）」です。GMOペパボ株式会社という上場企業が運営しています。わかりやすくリーズナブルな価格でドメインネームを契約することができます。クレジットカードがあれば契約は30分、使えるようになるまで1時間程度です。

使い方は、ホームページ中央の「お気に入りのドメインを見つけよう」に取得したいドメインネームを入力してください。その際に「com」や「jp」は入力不要です。例えば、「yasuda」と入力して検索してみます。次ページの検索結果を見ると、「yasuda.com」は使えないようです。○印のついている他のドメインを選ぶか、「yasuda」をあきらめて他のドメインネームを検索するようにします。

ドメインネームの金額については、為替等の理由から若干変動することが

「yasuda」と入力して検索

ありますが、高いものでも年間数千円程度に収まります。業者に任せるとしたら、手間賃や利益も含め、1万円程度請求されても仕方がありません。でも、10万円と言われたら、利益を乗せすぎていると判断できます。

　レンタルサーバーは、ムームードメインと同じGMOペパボ株式会社が運営しているロリポップをおすすめします。料金が安価で安定しており、後述するWordPressというプログラムが簡単に利用できるところがその理由です。さらに、ムームードメインでドメインネームを契約すると、レンタルサーバーの申込みができる機能が備わっており、とても便利です。

　こちらのレンタルサーバーには、いくつかのプランがあります。おすすめはライトプランで、年間3,000円（税別）です。電話サポートをつけたい場合は、スタンダードプランがいいでしょう。こちらは、年間6,000円（税別）です。どちらも、必要な機能は揃っていて、ドメインネームとレンタルサーバーのセットで維持費が年間1万円以内に抑えられます。一度、自分でチャレンジしてみることをおすすめします。それで無理だったら、専門の業者に頼むといいでしょう。

■ 第10章　ITを効果的に活用する ■

ロリポップのスタンダードプラン

④　WordPress

　ドメインネームとレンタルサーバーの契約ができたら、次はホームページの構築です。専門の業者に依頼することもできますが、自分でやることも可能です。ここでは、自分で構築する際のやり方を紹介します。

　WordPress（ワードプレス）というプログラムがあります。ホームページをつくるための便利なツールと考えてください。書店でも参考書がたくさん売られていますので、本を読んで勉強してもいいのですが、すぐに見てみたいという人には、前述のロリポップにWordPressの簡単インストール機能が備わっています。詳しくは、次のホームページをご覧ください。

● WordPressの簡単インストール
　https://lolipop.jp/manual/user/applications-wordpress/

　インストール後のいろいろな設定方法は専門書に任せるとして、ここでは、WordPressで構築したホームページの例をいくつか紹介します。

　まずは、私の事務所のホームページです。左上にタイトルがあり、その下に簡単な説明、そしてトップのイメージ画像があり、その下にメニューが並んでいます。一般的なホームページの代表とも言うべきデザイン例です。

次の例は、私が運営しているボランティア「カンボジア自転車100台プロジェクト」のホームページです。事務所用のホームページとデザインが似ていることをご確認ください。
　そして最後が、私の1冊目の著書のホームページです。ここまで見ていた

安田コンサルティングのホームページ

「カンボジア自転車100台プロジェクト」のホームページ

■ 第 10 章　IT を効果的に活用する ■

1 冊目の著書のホームページ

だければ、全部デザインが一緒で、タイトルやイメージが異なるだけであることがわかっていただけたと思います。これは、WordPress で適用できる同じデザインのテンプレートを使っているからです。

WordPress では、そうしたテンプレートを「テーマ」と呼びます。私がいつも利用しているテーマは、「Twenty Eleven」と呼ばれるものです。汎用的で使いやすいデザインなので、愛用しています。

皆さんも、自分の好みに合ったテーマを探してみてください。簡単な操作でテーマの変更も可能です。

テーマを選択したら、いよいよ中身をつくっていきます。最低限必要な内容は、以下の5つです。

・トップページによる事業 PR
・業務紹介
・会社概要（店舗であれば地図も）
・新着情報（ブログ）

・お問い合わせ

また、WordPressには、プラグインと呼ばれる機能があります。これにより、ホームページにさまざまな機能を追加することができます。おすすめのプラグインは以下の通りです。

・Contact Form7：お問い合わせページ作成
・What's New Generator：お知らせや新着情報機能
・WP Social Bookmarking Light：SNS（ソーシャル）ボタンの設置

ロリポップには、プラグインの追加を説明するページが用意されており、上記のContact Form7を例に、お問い合わせページを作成する方法を解説しています。

●プラグインの追加

https://lolipop.jp/manual/hp/wordpress-lecture-plugin/

⑤　ホームページ開設時の留意点

これまで、ホームページを自分自身で構築する方法を簡単に説明してきましたが、ここで注意してほしいことが2点あります。

まず、「女性」や「美」に関する事業の場合は、専門の業者さんにつくってもらうことをおすすめします。例えば、美容院です。ある女性がインターネットで美容院を検索している状態を想像してください。パソコンやスマートフォンで、さまざまな美容院のホームページをチェックします。そのとき、ホームページの見た目の美しさがとても重要になります。ホームページの出来栄えが美容院の腕のレベルと認識されてしまうことが多いからです。自分がきれいになれるかどうかを、ホームページの見た目で判断してしまうわけです。ですから、「女性」や「美」がテーマの場合、ある程度お金をかけて、写真の美しさにこだわったホームページを構築してください。

もう1つは、スマートフォンへの対応です。WordPressや後述の無料ブログサービスは、スマートフォンにも対応しているので問題ありませんが、専門の業者に依頼する場合は、スマートフォン向けにも対応しているか必ず確認してください。対応していないと、パソコン向けのホームページをその

ままスマートフォンに表示させることになり、使い勝手が悪くなってしまいます。

(2) ブログの開設

ブログでは、随時新しい情報の発信を心掛ける必要があります。毎日とは言いませんが、定期的に発信してください。例えば、レストランの場合、ブログを通じて以下のような情報を発信し、お客さんの注目度を上げていきます。

- ・「今月のディナー」といったタイトルで、写真付きのメニュー紹介を掲載する。
- ・「結婚記念日に来られたお客さん」といったタイトルで、どのようなお客さんが来店されているか、すなわち、ターゲット顧客についての情報を発信する。
- ・「こだわりの食材」といったタイトルで、自分が何にこだわっていて、それがお客さんにとってどういうメリットがあるのかを説明する。

ブログ開設の仕方は、2つあります。1つは前述のWordPressの機能を使う方法、もう1つは無料ブログサービスの活用です。女性を中心にユーザーが多いアメーバブログ（アメブロ）もその1つですが、アメブロは商用利用禁止となっています。商用利用可能な無料ブログも多く存在します。「商用利用　ブログ」で検索するといいでしょう。自分の好みや用途に合ったブログを活用しましょう。

3 ネットショップの開設と集客、コンバージョン

ネットショップは開設したら終わりではなく、そこがスタートと考えてください。集客や購買につながるよう、さまざまな努力と工夫が必要です。

(1) ネットショップの形態

インターネットで商品を販売しようとする場合、最初の第一歩はネットショップを開設することですが、ネットショップには大きく分けて3つの形態があり、開設時の留意点も異なります。

① 独自形式

　1つ目は、前述したロリポップなどのレンタルサーバーを契約して、独自のネットショップをオープンさせる方法です。一からネットショップを構築するととても費用がかかりますが、その分、オリジナル性にあふれたネットショップを設けることができます。商品の検索方法や購入方法など、一般的なネットショップでは実現できない方法で販売する場合は、こうした独自形式を採用します。しかし、やはりコストがかかるので、後述するレンタル型などで代用できないか検討する必要もあります。

　すでに紹介したWordPressのプラグインでも、ネットショップの機能を付加することができます。また、ロリポップの簡単インストールで提供されているネットショッププログラムとして、EC-CUBE（http://www.ec-cube.net/）があります。こちらも非常にユーザー数の多いプログラムですので、参考書も多く販売されています。ロリポップの簡単インストール機能を、試しに使ってみるのもいいでしょう。

② レンタルショップ

　2つ目は、レンタルショップを利用するやり方です。ネットショップの機能の中心は、ボタンを押して買い物かごに入れ、購入した商品一覧を確認し、住所や決済方法などを入力して注文が確定するという一連のショッピングカート機能です。確定された注文内容を、メールで自動通知する機能もあります。そうしたショッピングカート機能一式が備わったものが、レンタルショップ型のネットショップです。

　おすすめなのは、カラーミーショップ（https://shop-pro.jp/）です。ムームードメインやロリポップと同じGMOペパボ株式会社が運営しており、機能が豊富なうえ、1ヵ月無料で使えるお試し機能も提供されています。

　1つ目の独自形式で最初につまずくのは、クレジットカード決済の導入です。EC-CUBEなどで利用できる決済サービスもありますが、自分で契約してEC-CUBEに組み込まなければなりません。その点、こうしたレンタルショップは、機能の1つとして多様な決済機能を設けていますので、申込み

をして審査が通ればクレジットカード決済などの導入が可能です。カラーミーショップには、「カラーミーペイメント」という機能があり、クレジットカード以外、コンビニ決済や電子マネー決済なども一度に導入することが可能となっています。

ちなみに、カラーミーショップには、いくつかのプランが設けられています。月額900円から利用できるエコノミープランもありますので、まずこのプランから始め、業績の拡大に応じてプランを変更していくといいでしょう。

③　ショッピングモール型

楽天市場、Yahoo! ショッピング、Amazon の3つが、インターネット上の代表的なショッピングモールです。それぞれの特徴を紹介します。

【楽天市場（http://www.rakuten.co.jp/）】

一番有名なショッピングモールは、楽天市場です。インターネットでの販売を中心に考えている人は、ぜひ出店してほしいと思います。ただし、楽天市場に出店したからといって、儲かることが保証されるわけではありません。楽天市場に出店する際に活用していただきたいのが、楽天大学（http://university.rakuten.co.jp/）です。ネットショップをやりたい人向けに、さまざまなノウハウを提供するスクールです。楽天大学で学び、学んだことをネットショップで実践するのです。将来、楽天市場から撤退することになったとしても、そこで学んだノウハウはそのあとも活用できるでしょう。

楽天市場の料金体系には、いくつかのプランがあります。登録できる商品数やシステム利用料の料率などにより、ライトプランからメガショッププランまでさまざまです。詳しくは、出店プラン詳細ページ（http://www.rakuten.co.jp/ec/plan/）を確認してください。

【Yahoo! ショッピング（http://business.ec.yahoo.co.jp/shopping/）】

Yahoo! ショッピングは、登録の際にかかる初期費用や毎月の月額システム利用料、売上に応じてかかる売上ロイヤリティがすべて無料という点で、楽天市場とは大きく異なります。ただし、商品が売れたときにかかるTポイントに関する費用やアフィリエイト広告の報酬などの負担があります。プ

ランは、ライトとプロフェッショナルがあります。料金体系は同じですが、プロフェッショナルは本格的なネットショップの運営が可能となっています。ライトは気軽に出店が可能で、スマートフォンからの管理もできるようになっています。

【Amazon】（https://services.amazon.co.jp/）

　Amazonには、大口出品サービスと小口出品サービスがあります。大口出品サービスは、月額登録料が4,900円かかります。それに加え、受注時に販売手数料が必要ですが、オリジナル商品の出品が可能です。逆に、小口出品サービスは、オリジナル商品の出品はできず、Amazon内で既に販売されている商品のみを扱うことができます。こちらは、月額登録料が不要ですが、注文ごとに100円の基本成約料と販売手数料がかかります。

　インターネットのショッピングモールに出店するのなら、専用の担当者を1人置くぐらいの手間をかけてください。1人で店舗もネットショップもとなると、どちらも中途半端になり、うまくいきません。「ショッピングモールに出店してもあまり効果がない」と言う人もいますが、手間を惜しんだ結果、うまくいかなかったというケースが多いのです。

(2) 集客

　ネットショップをオープンしても、見に来てもらえなければ、売上につながりません。ここでは、3つの集客方法を紹介します。

① SEO

　SEOとは、GoogleやYahoo!といった検索エンジンで上位に表示されるようにする工夫のことで、「検索エンジン最適化」と呼ばれることもあります。皆さんも、何かを調べるために検索エンジンを利用する際、検索キーワードを使うことと思います。そして、検索結果は、1ページに10件まで表示されます。その中にいい候補がなければ、「次へ」をクリックし、次の10件を見ます。しかし、それでもなかった場合には、もう「次へ」は押さず、検索キーワードを変えて検索し直す人が多いでしょう。ということは、最初の10件と次の10件の計20件、すなわち、20位以内に表示されなければ、検索

からの集客が期待できないことになります。そこで、できる限り順位を上げておきたいわけです。

　検索順位を上げてくれる業者に依頼するのも１つの手です。その代わり費用はかかりますし、やめると検索順位が下がるので、継続しなければなりません。そこで、自力で検索順位を上げる方法を紹介します。

　まずは、ブログを書き続けることです。無料ブログサービスを使う方法もありますが、おすすめはWordPressなどで自分のホームページ内にブログ機能を持たせ、そこに記事を投稿する方法です。ここから先、皆さんは京都でゲストハウスを経営するオーナーになったつもりで読んでください。ゲストハウスの出来事を、次のようにブログに書きます。

　「今日はオーストラリアから来たバックパッカーたちに泊まってもらいました。『晩御飯をどこに食べに行ったらいいか？』と尋ねられたので、周辺マップを渡して説明しました。食事から帰ると、『ここの日本料理がおいしかった』と言って喜んでくれました。さらに、夜遅くまでリビングルームに集まって、皆でゲームをしたり、イベントを楽しんでもらったり、お互いの国のことを話し合ったりして盛り上がりました」

　この記事には、「オーストラリア」、「バックパッカー」、「周辺」、「日本料理」、「イベント」といった言葉が含まれています。すると、「京都　ゲストハウス　イベント」で検索した場合、このブログ記事が上位に表示される可能性が高くなるわけです。

　皆さんが自分の事業についてブログを書き続けると、当然その中に関連するキーワードが入ってきます。１日に1,000件の記事を書くのは無理でも、毎日頑張って１件ずつ書けば、３年で1,000件以上になります。その1,000件のうち、どれが検索されるかわかりません。薄く広く網を広げることができるのです。

　検索順位を上げる２つ目のポイントは、タイトルです。ホームページやブログのタイトルに、関連する重要キーワードを入れるのです。ホームページのタイトルに屋号や社名だけを掲載しているケースをよく見かけますが、そ

うではなく、「○○のことならお任せください ○○株式会社」というように、一番 PR したいキーワードを盛り込んだタイトルにしてください。ブログのタイトルも同じです。先のゲストハウスの記事に、皆さんだったらどのようなタイトルを付けますか。

　候補1：昨日のできごと
　候補2：オーストラリアからのお客さま
　候補3：バックパッカーがたくさん集まった最高の一夜
　候補4：京都ならではのゲストハウスで最高のおもてなし
　候補2や候補3もよさそうですが、やはり、候補4でしょう。お客さんが使いそうなキーワードをタイトルに織り交ぜてください。

　検索順位を上げる最も手堅い方法はこの2つです。SEOの専門業者はほかにもさまざまなテクニックを持っていますが、そうしたテクニックを活用するよりは、まず自前でこの2つのことに取り組んでください。

　ニッチな事業ほど順位を上げやすい反面、一般的でライバルの多い事業では、検索順位を上げることはなかなか難しいのです。そのときにポイントとなるのが、ビジネスコンセプトです。皆さんの事業や商売の特徴をアピールしていけば、ライバルとの差別化ができ、競争に打ち勝つこともできます。

　例えば、「イスラム教の信者向けにムスリムに対応したゲストハウス」という特徴があったとします。イスラム教を信じる人が食べ物のことなどを心配して「ムスリム ゲストハウス」で検索したときに上位に表示されれば、集客につながるでしょう。八方美人ではなく、ターゲットのお客さんに届けばいいのです。

② **広告活用**

　集客手段の2つ目は、キーワード連動型広告の活用です。次ページの画像のように、GoogleやYahoo!で何か検索したとき、上の方にいくつか広告が表示されることがあります。ホームページのアドレスの位置に、小さく「広告」という文字が表示されており、これがキーワード連動型広告であることを表しています。この広告は、検索に使ったキーワードに関連して表示

■ 第10章　ITを効果的に活用する ■

されるため、非常にクリックされる可能性が高くなります。

　キーワード連動型広告は、皆さんが広告主になることができます。Googleの場合はGoogle AdWords（https://www.google.co.jp/adwords/）、Yahoo!の場合はYahoo!プロモーション広告（http://promotionalads.yahoo.co.jp/）から申し込むことができます。

　キーワード連動型広告は、表示されるだけなら費用はかかりません。広告がクリックされた場合のみ、クリックの対価を支払う仕組みで、「1クリックいくら」という料金体系になっています。その対価の大小などにより、広告が表示される順位も変わってきます。また、広告予算をあらかじめ設定できるので、思った以上にクリックされて多大な広告料を請求される心配もありません。

　仮に、1クリック100円と設定したとします。クリックしてネットショップに来た人が、全員購入してくれるわけではありません。仮に100人中1人が購入した場合、その注文にかかる広告料は、100×100＝10,000円になります。1回の注文に10,000円かかるとすると高すぎますが、1人の新規顧客を得るための広告料が10,000円だと考えればどうでしょう。あとは、皆さんの提供する商品やサービス、接客などを通じて、リピート顧客になってもらえるよう努力するのです。また、商品やサービスに感動・感激してもらい、口

コミが広がるようにすればいいのです。そのための初期投資が10,000円だと考えれば、必ずしも高すぎるとは言えないでしょう。

③ SNS活用

　3つ目は、FacebookやLineなど、さまざまなSNSを活用し、集客につなげる方法です。特にFacebookは、ぜひ試していただきたいと思います。

　Facebookは、かなり普及していますが、ビジネスとして活用できている人は少ないようです。まず、FacebookのIDとFacebookページについて理解する必要があります。

　FacebookのIDは、個人名で取得します。そこで事業のいろいろな情報を発信しても、基本的には友人としてつながっている人にしか伝わりません。Facebookをやっていない人に対しての発信効果はゼロです。それに対して、Facebookページは、ビジネスに活用するためにさまざまな機能が付加されています。一部を紹介すると、以下の通りです。

・個人名ではなく、屋号、会社名、商品名などで作成できる。
・1人でいくつものFacebookページを作成できる。
・Facebookページの管理を複数人で分担できる。
・Facebookをしていない人でも閲覧できる。
・GoogleやYahoo!からも検索できる。
・広告を配信できる。

　広告は有料ですが、他の機能は無料で利用できます。そうした手軽さから、試しにやってみる人も多いですが、効果を得るためには、AIDMAやAISASストーリーを考えるべきです。Facebookページから直接商品を購入することはできないため、ネットショップへ誘導して購入してもらうストーリーを考えるのです。ブログの更新情報をFacebookページに掲載している企業が多いですが、これも自社のホームページに誘導するための有効な手段です。具体的な活用方法については、192ページ以降で、詳しく説明します。

(3) コンバージョン

　集客の次は、コンバージョンです。これは、成約率と呼ばれる場合もあ

■ 第10章 ITを効果的に活用する ■

り、来てくれた人がどれだけ買ってくれたかを率で表したものです。ホームページを活用する際、集客だけに一生懸命になって、コンバージョンの対策がおろそかになっているケースがあります。

集客してホームページに来てくれた人は、まだ「見込み客」です。1万人の人が見てくれても、注文ボタンを一度も押してもらえなかったら、売上はゼロなのです。実際に購入して「お客さん」になってもらうためには、ホームページそのものを上質にしなければなりません。そのために必要なことを、4つ紹介します。

① **デザイン**

まずは、ホームページのデザインです。皆さんは、検索結果の一覧から閲覧したいホームページを選択したあと、どういった行動をとるでしょうか。

下の図は、人がはじめてのホームページを見たときの視線の動きを表しています。左側がパソコンの場合、右側がスマートフォンの場合です。点線の四角がホームページ全体、実線の四角が表示されているエリアを表していると思ってください。

パソコンの場合、左上から右上へと視線が横に動き、そのあと中央に移動

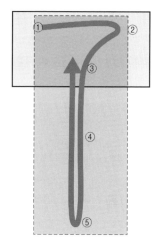

パソコンの場合

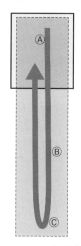

スマートフォンの場合

します。そこからマウスのホイールボタンを回して一番下まで移動します。そして、ホイールボタンを逆回転させ、最初の位置まで戻ってきます。ここまでの時間が約3秒です。

スマートフォンの場合は、表示されたエリアの中央に視線が行ったあとフリック（画面に触れて、その指先を素早く払う操作）を繰り返してページの最下部まで移動し、反対方向にフリックして戻ってきます。これもだいたい3秒です。この3秒の間に、訪問者は何をしているのでしょうか。無意識の操作のため、字はほとんど読んでいません。全体を閲覧して、自分に有益かどうかを瞬時に判断しています。言わば、第一印象のようなもので決定しているのです。

このホームページの第一印象をよくするためには、訪問者に安心感を与えることが必要です。そのためにできることを、ここから紹介します。

前ページの図の中で、重要な箇所に番号とアルファベットを記入しています。それぞれの箇所で行うべきことを記載していきます。

まず①ですが、ここには普通に屋号を記載すればいいでしょう。まず、名を名乗るわけです。ただし、字はほとんど読まれませんので、「屋号らしいものが書いてある」くらいの印象が与えられれば大丈夫です。

②は視線の動きの角なので、特に重要です。ここには、誰もが知っているマークと電話番号を記載します。誰もが知っているマークの代表格は、クレジットカードのVISAのマークです。認知度の高いマークであれば、他のものでも構いません。コンビニ決済に対応しているのなら、コンビニエンスストアのマークでもいいでしょう。知っているマークがあると、訪問者の脳に作用して安心感を与えることができます。あわせて、電話番号を掲載するのも同じ理由です。番号の羅列を、脳が瞬時に電話番号だと把握します。電話番号がオープンになっているなら、怪しい会社ではないという安心感を与えます。

③も重要な位置です。ここには、写真を掲載しましょう。商品ではなく、人の笑顔の写真がいいでしょう。ネットショップの責任者（店長）の笑顔で

もいいですし、お客さんの笑顔でも構いません。こうしてホームページを演出することで、安心感を与えることができます。写真の撮り方については、このあと詳述します。

④はスクロールしているエリアですが、ここは商品の写真と説明を記載します。写真と文章が、適当なバランスで配置されていることが重要です。写真と説明が載っていることを、瞬時に認識してもらうためです。

最後の⑤は、折り返し地点です。ここには、購入や問い合わせを促すバナー（画像）を設置します。最近では、Facebookページへのリンクバナーを掲載するケースも増えてきました。AISASストーリーにある最後のS（シェア）を促す仕組みとして有効ですし、Facebookのマークも認知度が高いため、安心感を与えることができます。

下の画像は、私の事務所のホームページの最下部です。Facebookページの「ページプラグイン」と呼ばれる機能を使って表示しています。詳しくは、Facebookのページプラグインページ（https://developers.facebook.com/docs/plugins/page-plugin）を参照してください。

スマートフォンの場合には、前記解説のうち、Ⓐが③、Ⓑが④、Ⓒが⑤に対応していると考えてください。

安心感を与えるためにやるべきことは、認知度の高いマークを掲示することと人気の演出です。ホームページを構築する際、意識的に取り組むように

しましょう。

② **写真**

人の写真も商品の写真も、たくさんホームページに掲載されますが、その際に大切なのが、写真の撮り方です。商品の魅力を余すことなく伝える写真を撮るのは、なかなか難しいものです。いろいろと試行錯誤しながら、コツをつかんでください。

写真を研究する際にも、SNSの活用が有効です。Instagram（インスタグラム：https://www.instagram.com/）には、世界中の人々が写真を掲載しています。もし、皆さんが始める事業が飲食店なら、メニューの名前や「ランチ」などで検索してください。「ランチ」も「lunch」で検索すれば、世界中の投稿を検索することができます。その中でこれはと思う写真を見つけたら、参考にするといいでしょう。Instagramの写真は保存できないので、EVERNOTE（エバーノート：https://evernote.com/intl/jp/）のようなスクラップツールを使って保存しておくと便利です。

ここからは、自分で写真を撮る際の心得をいくつか紹介します。

【心得1】明るいところで撮影する

暗いところで蛍光灯の明かりだけで撮影するより、明るい昼間に撮影する方が、色鮮やかに撮影できます。

【心得2】影をなくすためにアルミホイルと段ボールを使う

撮影に使われるレフ板という道具があります。一方向からの光では反対側が暗く写ってしまうため、光を反射させて暗い方の明るさを補います。プロ用のレフ板はなかなか高価で手が届きませんが、段ボール板にアルミホイルを貼り付ける方法で代用可能です。アルミホイルは一度丸めてくしゃくしゃにしてから貼ると、光が乱反射されてより自然な効果が得られます。この自作レフ板を商品のまわりに設置すれば、全体から光が反射するため、結果的に影が薄くなります。

【心得3】全体を写さない

特に料理などを撮影する際の心得なのですが、お皿を含めて全体を写そう

とすると、肝心の料理の部分が小さくなって、こじんまりした写真になってしまいます。お皿も料理も思い切って写真枠からはみ出させると、ダイナミックな写真になります。

【心得4】商品説明用写真は、さまざまな角度から撮影する

商品説明に使う写真にはダイナミック感は不要で、お客さんが知りたい、見たいと思っている部分をしっかり写すことが必要です。前後上下左右の計6方向を基本にします。例えば、カバンなどでは、外観だけでなく中身の様子、ポケットの開き具合など細かな部分までしっかり見せるように工夫しましょう。

ネットショップ向けの撮影キットなども販売されています。また、カメラも、一眼レフとまではいかなくても、ある程度高性能のデジタルカメラを用意すべきでしょう。

③ 客観説明、主観説明と接客力

客観説明と主観説明については、第3章で説明しました。カタログに載っているような説明を掲載するだけでは、お客さんに商品の魅力が伝わりません。店舗の販売員になって接客しているつもりで、主観を交えて提案してください。人気の理由、おすすめの理由、あの手この手を考えてください。

例えば、「そのジャケット、最近たくさんのお客さんが買って行かれるんですよ」という接客は、店舗では簡単にできますが、ネットショップではできません。そこで、写真の中に「当店で一番売れています」という文字を入れることを考えてみます。また、「当店の売上ランキング」として提案することもできます。お客さんに直接声をかけることはできませんが、工夫することで提案のメッセージを届けることは可能なのです。「お客さまの声」やアンケートの結果などを掲載するのも効果的です。

そして、何と言っても効果的なのは、お客さんの笑顔の写真です。でも、お客さんにネットショップで使う写真の撮影をお願いしても断られるでしょう。そこで、お客さんにもメリットがあるように、割引などを条件に交渉しましょう。また、無料モニターになってもらう手もあります。無料で商品を

提供するかわりに、アンケートや撮影に協力してもらうのです。無料モニターを募集する際には、あらかじめ条件などを説明するようにしてください。

4 SNS

　SNSは、Social Networking Serviceの略で、ネット上で実社会のように友人等と交流する場を提供するサービスのことです。ここでは、主なSNSについて説明していきます。あくまでビジネスとして活用するのですから、流行りや使い勝手ではなく、そのネットワークにターゲット顧客が存在するかどうかを考えて利用するべきです。

(1) SNSの種類と特徴

① Facebook（https://www.facebook.com/）

　Facebookのユーザーには経営者が多く、次いで学生だと言われています。Facebookを利用する場合、実名で登録する必要があることが理由の1つだと考えられます。経営者や学生には、それにあまり抵抗を感じない人が多いわけです。そのため、B to Bの事業を考えている人にはおすすめです。また、外国人のユーザーも多いので、観光や輸出入など、外国人相手に事業を展開する場合にも有効です。

② Twitter（https://twitter.com/）

　Twitterは、日本ではFacebookより早く流行しましたが、多くのユーザーがFacebookに移っていきました。今でも大学生や専門学校生などは多く利用していますので、学生向けの商品やサービスについては、Twitterでの発信も有効でしょう。

③ LINE@（http://at.line.me/jp/）

　Twitterと同じく、学生ユーザーが多いのがLINEです。主に1対1またはグループ内でのメッセージのやりとりに使われ、FacebookやTwitterのように外部に向けて情報を発信することは少ないのが特徴です。子どもや主婦のユーザーも多く、学校のクラスメイトやママ友同士などでのコミュニ

ケーションツールとして使われています。ビジネス向けには、LINE@ と呼ばれるサービスが提供されています。店舗などでアカウントを取得し、そのアカウントと「友だち」となったユーザーに対して情報の発信が可能となるサービスです。そのため、店舗アカウントの情報を店舗内やショップカードに掲載し、「友だち」を増やすことがポイントです。制限はありますが、無料である程度使えますので、試してみてください。

④ Instagram（https://www.instagram.com/）

最近になり、どんどんユーザーが増えているのが、Instagram です。2016年8月からは、ビジネスツールの提供も始まりました。個人アカウントをビジネスアカウントに切り替えることで、ビジネス用のプロフィールを入力できるようになります。また、投稿の閲覧状況を確認でき、広告配信も可能になります。ビジュアル、写真が重要になる事業の場合、特におすすめです。

(2) Facebook の活用

すべての SNS の活用方法を紹介することはできませんが、Facebook は創業に際し多くの人が活用を検討すべき SNS ですので、ここで説明しておきます。

① Facebook ページの作成

まずは、Facebook ページの作成についてです。パソコンの画面とスマートフォンの画面では作成を開始するボタンの位置が異なりますので、それぞれについて説明します。

●パソコンの場合

Facebook の画面左側に「FACEBOOK ページ」という欄があります。そこに「Facebook ページを…」というボタンがあります。そこをクリックすると、作成手続きを進めることができます。

●スマートフォンの場合

Facebook の画面右下にあるボタンをクリックします。表示された画面を下にスクロールすると、「発見」という項目があります。その中に「ペー

Facebookページの作成開始画面(パソコンの場合)

Facebookページの作成開始画面(スマートフォンの場合)

ジ」がありますので、そこをクリックしてください。そこに表示された画面に、「Facebookページを作成」というボタンがありますので、そこから進めることができます。

② 広告

Facebookページの大きな特徴は、広告を出せることです。宣伝は、3種類用意されています。「ウェブサイトの宣伝」、「Facebookページの宣伝」、「投稿の宣伝」です。

「ウェブサイトの宣伝」は、Facebook 内に広告を表示し、ホームページに誘導するものです。「Facebook ページの宣伝」は、Facebook ページのファン（「いいね！」を押した人）を増やすためのものです。「投稿の宣伝」は、Facebook ページに投稿した内容を宣伝するものです。

これらの中でも特におすすめなのは、「Facebook ページの宣伝」です。Facebook ページで一度「いいね！」を押してくれた人には、その後、投稿したものが配信されるようになります。他の2つは、一過性の宣伝ですが、ファンを増やす宣伝は、情報の発信先をストックしていくという意味で、資産に残ります。同じ広告費を使うのであれば、資産として繰り返し活用できるファンを増やす宣伝を行うべきでしょう。

広告の配信先として、ターゲットを細かく設定できることも大きな特徴です。地域、趣味・関心、年齢、性別を指定することができますので、ターゲットを絞って広告を配信することが可能です。

③　ブログとの連携

ここまで、Facebook の活用について説明してきましたが、ブログもFacebook も、他にあれもこれもとなると、すべてが中途半端になってしまいます。どれか1つに絞るとすれば、ブログをおすすめします。また、ブログの投稿を Facebook ページに連携しておき、Facebook ページは手放しで運用する方法も考えられます。ただし、ある意味、手抜きをするわけですから効果は限定的になります。

やり方はいくつかありますが、ブログをさまざまな SNS に連携できるサービスの1つとして、dlvr.it（https://dlvr.it/）を紹介しておきます。Facebook や Twitter だけでなく、Pinterest、Google+、LinkedIn、LinkedIn Company、Tumblr などの SNS へ連携が可能です。無料プランと有料プランがありますが、Facebook ページへの連携だけなら無料プランで可能です。

アメーバブログや FC2ブログなどの無料ブログにも Facebook への連携機能が備わっていますが、連携できるのは Facebook の個人 ID の方だけで、Facebook ページへの連携ができません。ビジネスで活用することを想定し

た場合、それでは不十分です。私もdlvr.itを使って、ブログに投稿した記事をFacebookページとTwitterに連携させています。

5 クラウドの活用と便利なソフトウェアの紹介

　クラウドとは、インターネットを経由して活用するツールの総称です。さまざまなツールやサービスが提供されていますので、おすすめのものをいくつか紹介していきます。

(1) クラウドサービス

① **Make Leaps**（https://www.makeleaps.jp/）

　まずは、見積書・納品書・請求書を発行するためのサービス「MakeLeaps」です。インターネットを経由して、見積書・納品書・請求書が簡単に作成でき、郵送まで行ってくれます。このサービスのいいところは、そうした書類の入力、作成だけでなく、印刷と郵送もあわせて行ってくれるところです。書類の印刷、封筒の準備、宛名の印刷、切手の用意、投函、そうした流れを、一括でやってくれるわけです。請求書のデータを入力しますので、売上集計なども可能になっています。

② **やよいの青色申告オンライン**
　（https://www.yayoi-kk.co.jp/products/aoiro_ol/）

　次は、会計に関するクラウドサービスです。個人事業主が確定申告をするために必要な会計情報の入力や申告処理を、インターネットを介して行うものです。個人事業主では、会計処理に弥生シリーズを使っている人が多いようです。確定申告は毎年制度が少しずつ改変されるため、パソコンにインストールする会計ソフトを毎年バージョンアップしなければ、最新の制度に対応できません。クラウドのサービスでは、年間利用料を支払えば、最新制度への対応が自動で行われます。クラウドですので、スマートフォンで売上や原価、利益の情報なども確認できる点も便利です。

③ ユビレジ（https://ubiregi.com/ja/tour）

　店舗を構える人は、レジスターについて悩んでいる人も多いでしょう。基本的な機能を備えたレジスターなら２万円もあれば導入できますが、クレジットカード決済機能などを備えたCAT端末となると、相当高価になってきます。また、飲食店でお客さんのオーダーをとる場合、スマートフォンやタブレット端末と連携すれば、オーダーの取得から集計、クレジットカードなどの決済までスムーズに進められそうです。「ユビレジ」では、そうした環境を一括で提供してくれます。

　最近は、レジスターのかわりにタブレットなどで会計処理をしている店舗をよく見かけるようになりました。導入費用が非常に安くすむのと、売上の集計や顧客管理機能などとデータ連携できるところが重宝がられて利用者が増えています。

　また、同様のサービスで、「Square（https://squareup.com/jp）」と呼ばれるものも、最近、ユーザーを増やしています。ユビレジと比較しながら導入を検討するといいでしょう。

④ Orange（http://ec-cube.ec-orange.jp/reserve/）

　「Orange」では、予約やオーダーシステムなど、飲食店のサービスを向上させるさまざまな機能が提供されています。予約を管理するだけでなく、接客力を高めてお客さんに感動してもらうためのシステムと考えてください。まず、予約の電話がかかってきたとき、スマートフォンと連携した顧客台帳から、着信番号をもとに検索をかけます。該当する人がいれば、電話に出てすぐ、「〇〇さま、お電話ありがとうございます」と声かけができますし、画面に表示された来店履歴や記念日、食べ物の好みなどの情報を見ながら話すことも可能ですので、お客さんにより具体的な提案ができます。

(2) クラウドソーシング

　クラウドソーシングとは、インターネットを経由して誰かに仕事を頼んだり頼まれたりするシステムです。

　仕事をネット経由で依頼できるため、非常に便利で安価です。例えば、名

刺、ロゴマークなどのデザイン系の仕事やホームページの製作、ネットショップのカスタマイズなどのウェブ系の仕事までさまざまです。

特にデザイン系の仕事では、1社に依頼すると出てくる案はせいぜい3〜5種程度ですが、クラウドソーシングを利用すると、さまざまなデザインを提案してくれます。その中で気に入ったデザインを提供してくれた人に対価を支払えばいいだけなので、広くたくさんの人から提案を得たい場合に効果を発揮します。

仕事を受ける側の立場として、自らを登録することも可能です。最初は実績もなく、依頼を受けるまで苦労すると思われますが、小さな仕事をまじめにこなし、口コミで評価が上がってくると、特命で仕事の依頼を受けることも増えてきます。すぐに成果を求めず、じっくりと取り組むべきでしょう。

クラウドソーシングは、「クラウドワークス（http://crowdworks.jp/）」と「ランサーズ（http://www.lancers.jp/）」の2つが有名です。

（3）その他の便利なソフトウェア

① ラベルマイティ

（https://www.justsystems.com/jp/label/index.html）

皆さん、創業に向けて、名刺やショップカード、チラシ、会員証、ポイントカードなど、さまざまな営業ツールを準備していくことと思います。デザインも含めて印刷屋に依頼するのが一般的ですが、どうしても発注ロットが500枚、1,000枚と大量になります。1,000枚作製したあとで、デザインをちょっと変えたいと思っても、1,000枚なくなるまで待つか、残りを捨てて新しいものをつくることになってしまいます。

創業間もない頃は、営業ツールのデザイン変更も頻繁に行いたくなります。デザインが落ち着いてきたら印刷屋に大量発注すればいいのですが、その前に自分で試しにつくってみるときに便利なソフトウェアが、「ラベルマイティ」です。名刺やカードからチラシやポスターまで、さまざまなサンプルが提供されており、サンプルを土台にしていろいろ試行錯誤ができます。ただし、家庭用のインクジェットプリンタでは印刷品質が劣りますので、印

刷は印刷屋に依頼した方がいいでしょう。

② まいとーくFAX

(http://www.intercom.co.jp/mytalkfax9/)

　FAXの送受信を行うソフトウェアですが、特に「まいとーくFAX Pro」に備わっているDM送信ツールが便利です。新製品や展示会の案内、キャンペーン情報など、FAXを使って一括送信できます。アドレス帳にFAX番号とともにメールアドレスを登録しておけば、PDF形式などの添付ファイルとしてメールでも配信可能です。時間指定もでき、通話料金の安い深夜に予約配信することも可能になっています。

おわりに

　最後までお読みいただき、ありがとうございました。この本の内容が、皆さんの夢の実現の一助となることを強く願っています。

　私がこれまで説明してきたことは、皆さんが創業するために必要な知識やノウハウです。お読みいただいて、「今はまだやめておこう」という結論になっても構いません。大切なことは、その判断によって、皆さんが幸せになることなのです。

　私は世界中の人、家族、子どもたちが幸せであってほしいと願っています。その願いをかなえるための一歩として、この本を記しました。

　この本を執筆している期間中に、とても大切な人を亡くしました。そこで改めて思ったことは、「受け継がれた命を大切にし、守るべき人を守り、幸せに生きる」ことの大切さです。

　しばらく執筆できないでいるところを、多くの人に励まされました。スケジュールも遅れました。しかし、出版社の同友館さんにも遅れを許していただきました。

　いろいろな人たちに囲まれ、助けられて自分の夢を追い求めることができています。すべての人たちに感謝します。ありがとうございました。

2017年1月

安田コンサルティング代表
安田 勝也

●著者紹介

安田勝也（やすだかつや）
1971年生まれ。システム開発会社勤務を経て、2005年に安田コンサルティングを創立。その後、2019年に株式会社パールを設立。企業の経営戦略立案や販路開拓等の支援に従事しつつ、日本全国で経営や決算関連のセミナー・研修の講師を務める。中小企業診断士、行政書士。
https://pearl2019.com

2017年3月7日　第1刷発行
2024年7月20日　第2刷発行

あなたの夢をかなえよう！
創業者のためのスタートアップマニュアル

Ⓒ　著　者　安田　勝也
　　発行者　脇坂　康弘

発行所　株式会社同友館
〒113-0033　東京都文京区本郷2-29-1
TEL.03（3813）3966
FAX.03（3818）2774
URL　https://www.doyukan.co.jp/

乱丁・落丁はお取替えいたします。　　三美印刷／松村製本所
ISBN 978-4-496-05264-4　　　　　　　　Printed in Japan